PFERDEFÜTTERUNG - LEICHT GEMACHT

PFERDEFÜTTERUNG - LEICHT GEMACHT

ANGELIKA SCHMELZER

CADMOS PFERDEBÜCHER

Ein langes Buch zu einem unerschöpflich scheinenden Thema; noch länger aber ist die Liste der Freunde, denen ich erneut Dank schulde für die Zeit und Mühe, die sie mir beim Fotografieren der Bilder dieses Buches gewidmet haben: Clarissa und Thomas Lehmann vom „Los Alamos Trading Post"; Ilse Astor, Georg Walterspacher und natürlich Miriam von „Welsh Ponies Goodluck"; Ute, Karola, Peter, Anette und Uli, Jenny, Anja und Corinna vom Walterhof in Waldsee; Astrid mit Ivan, Angela mit Fury, Marion mit Valur und natürlich Karin und Rolf mit ihren drei „Zwockeln".
Ganz herzlichen Dank Euch allen!

Cadmos Verlag Lüneburg
Copyright © 1999 by Cadmos Verlag
Gestaltung: Ravenstein Brain Pool, Völkersen
Titelfoto und Innenfotos: Angelika Schmelzer
Druck: Grindeldruck, Hamburg

ISBN 3-86127-514-7

WARUM, WESHALB, WIESO?

DIE BEDEUTUNG BEDARFS-GERECHTER FÜTTERUNG FÜR GESUNDHEIT, WOHLBEFINDEN UND LEISTUNGSFÄHIGKEIT UNSERER PFERDE

Pferdeliebe geht heute mehr denn je durch den Magen: Unter einer wahren Flut von Hochglanzprospekten der Futtermittelindustrie, mehr oder weniger verständlichen Fachartikeln und wohlmeinenden Informationen von Reitern und Pferdekennern förmlich begraben, sucht der Pferdehalter hartnäckig nach der alleinseligmachenden Ration, die ihm und seinem Roß fürderhin ein Leben voller Glück, Erfüllung, prompt funktionierender Verdauung und geschmacklichem Hochgenuß garantieren soll. Daß es eine derart optimale Fütterung gibt, steht für ihn oder sie außer Frage, erklären doch die Werbemittel aller Hersteller genau, welches Pulver, Spezialkraftfutter und Geheimrezept genau diese Wirkung zur Folge haben wird, wenn der Käufer nur den - prall gefüllten - Geldbeutel zückt und das nötige Kleingeld beisteuert. Anders gesagt: Die Informationsflut trägt nicht zur Orientierung, sondern mehr zur Verwirrung des Pferdehalters bei, was auch zur Folge hat, daß die Bedeutung sachgerechter Fütterung sowohl über- wie unterschätzt wird. Denn keine Fütterung vermag Mängel der Veranlagung, Ausbildung, Haltung oder Erziehung auszugleichen, aber ohne eine bedarfsgerechte Ration läuft eben auch nichts. Daraus folgt:

> Eine korrekte, also in Quantität, Qualität und Zusammensetzung an objektiven, aktuellen und individuellen Bedürfnissen orientierte Rationsgestaltung ist neben artgerechter Haltung und pflegerischen Maßnahmen der wichtigste Faktor, der die Gesundheit, das Wohlbefinden und die Leistungsfähigkeit unserer Pferde fördert und erhält.

Die Gesundheit wird gleich in dreierlei Hinsicht durch die Fütterung beeinflußt:

- Erstens können Fehler in der Fütterung bestimmte Krankheiten direkt auslösen,
- zweitens schwächt eine in irgendeiner Hinsicht unsachgemäße Fütterung die Abwehrkräfte des Pferdes derart, daß eine erhöhte Infektionsanfälligkeit die Folge ist, und
- drittens kann besonders eine langfristige Fehlernährung - vor allem während der frühen Lebensjahre - zu gravierenden und oft genug irreversiblen Spätschäden führen.

Während in manchen Fällen der Zusammenhang zwischen Fütterungsfehlern und den gesundheitlichen Folgeschäden offensichtlich ist und die

Wissen und Erfahrung helfen, Fütterungsfehler zu vermeiden.

Ursachen entsprechender Probleme deshalb schnell erkannt und abgestellt werden können, sind derlei Rückschlüsse bei allgemeiner Schwächung der Widerstandskräfte und bei Spätfolgen verfehlter Fütterung oft kaum möglich, zu wenig spezifisch sind die Symptome und zu lang die Zeitspanne zwischen Auslöser und Folge. Der Schwerpunkt jeder Rationsoptimierung muß deswegen in der Prävention liegen. Entsprechende Fachkenntnisse erwirbt der Pferdehalter besser vor dem Kauf des ersten eigenen Pferdes und nicht erst, wenn die - oft irreversiblen - Folgen falscher Fütterung ihn oder sie zum Handeln zwingen. Dann ist es nämlich in der Mehrzahl aller Fälle längst zu spät.

Die engen Zusammenhänge zwischen Fütterung und Leistungsfähigkeit werden oft überschätzt oder aber in einem falschen Licht betrachtet. So meint man, aus jedem friedlichen Stoppelhopser durch entsprechende, „leistungssteigernde." Futterzusätze einen Weltklassechampion machen zu können, und mißt so beworbenen Zusatzfuttermitteln eine Bedeutung zu, die ihnen nicht zukommt. Andererseits wird verkannt, daß nicht einige wenige Stoffe, sondern vielmehr die Ausgewogenheit der Nahrung als Ganzes eine der Veranlagung und Ausbildung des Pferdes entsprechende Leistungsfähigkeit ermöglicht.

Während der Faktor Leistungsfähigkeit im Zusammenhang mit bedarfsgerechter Rationsgestaltung meist überschätzt wird, findet das Wohlbefinden unserer Pferde eher unzureichend Beachtung. So leiden Freizeitpferde oft ganz erheblich unter Langeweile, weil ihre Nahrung in hoch konzentrierter Form gereicht wird und die Aufnahme nicht Stunden, sondern nur noch wenige Minuten dauert. Von der Natur mit einem bestimmten Verhaltensmuster ausgestattet, verläuft die Futteraufnahme aller Pferde gleich welcher Rasse nach einem bestimmten Grundmuster, das nicht verändert oder verkürzt werden kann. Wird der Rauhfutteranteil zugunsten des Kraftfutters unsachgemäß klein gehalten und damit die für die Futteraufnahme im Verhaltensmuster vorgesehene Zeit von etwa 60 Prozent des Tages (!!!) zu stark gekürzt, entsteht im natürlichen Tagesablauf der Pferde eine Lücke, die nicht anderweitig gefüllt werden kann. Langeweile ist vorprogrammiert, sogenannte Untugenden im Stall oder unter dem Sattel sind die Folge.

Kaudauer pro Kilogramm Futtermittel:

Stroh:	40-60 Minuten
Heu:	40 Minuten
Strukturfutter (Müsli):	20 Minuten
Hafer:	10 Minuten
Pellets:	8 Minuten

PROBE AUF´S EXEMPEL

Nun ist es einem Pferd nicht unbedingt von außen anzusehen, ob es richtig gefüttert wird oder ob seine Ration nicht seinen Bedürfnissen entspricht; noch schwieriger ist festzustellen, welche Fehler vorliegen und wie diese zu beheben wären. Wer allein nach Augenmaß füttert und sich am Leibesumfang seines Pferdes orientiert - zu dick heißt eine Schippe Hafer weniger, zu dünn bedeutet eine Schippe mehr - , kann ganz entscheidende Fehler machen. Das Aussehen, die Kondition allein ist nur ein Anhaltspunkt von vielen, weitere Hinweise geben

- ein dem Alter, der Rasse, Nutzung und Haltung entsprechendes auf-

Äußerliche Merkmale lassen wichtige Rückschlüsse auf die Qualität der Fütterung zu.

merksames und lebhaftes Wesen,
- ein rassetypischer, harmonischer Körperbau mit entsprechender Bemuskelung,
- ein glattes, glänzendes und schuppenfreies Fell und eine - mindestens durchschnittliche - allgemeine Gesundheit und Leistungsfähigkeit.

Anzeichen von Fütterungsfehlern dagegen können so aussehen:
- bestimmte (fütterungsbedingte) Krankheiten,
- eine allgemeine Infektionsanfälligkeit oder Neigung zu Koliken, Durchfällen oder Verstopfung,
- ein lustloses, müdes Wesen, geringe Belastbarkeit und mangelhafter Gehwillen, aber auch
- ein unharmonisches Aussehen mit struppigem, glanzlosem oder schuppigem Fell.

Diese Beobachtungen allein geben aber nur Hinweise und sind keineswegs immer einzig und allein auf Fütterungsfehler zurückzuführen. So kann mangelhafte Leistungsfähigkeit bei geringem Gehwillen durch eine Vielzahl von Ursachen ausgelöst werden, beispielsweise Parasitenbefall, Lahmheiten, Muskelkater oder schlicht und ergreifend - Faulheit. Entscheidend ist immer eine Überprüfung der Ration, also eine Abgleichung der Bedürfnisse mit der aktuellen Fütterung. Um dies sachgerecht tun zu können, muß der Pferdehalter Kenntnisse über Futtermittel, ihre Vor- und Nachteile, die Bedürfnisse seines Pferdes, die Vorbeugung von Fehlern und die praktische Gestaltung einer Ration erwerben. Zuge-

geben, die Fütterungslehre ist nicht unbedingt ein mitreißendes, fesselndes Thema, sondern kann ganz schön trocken sein. Haben Sie sich aber tapfer durchgebissen, werden Sie schnell feststellen, daß Ihr Pferd von diesen neu gewonnenen Kenntnissen verblüffend rasch und vielfältig profitiert, Sie dadurch mehr Freude an Ihrem gesunden, sich wohl befindenden und entsprechend fleißigen Pferd haben, und daß nicht zuletzt auch Ihr Geldbeutel eine entscheidende Erleichterung verspürt. Gute Fütterung muß nämlich nicht teuer sein! Ein bißchen trocken-theoretisch aber ist die Fütterungslehre schon, stimmt, und deswegen stürzen wir uns am besten gleich mitten rein ins Geschehen.

ENTSCHEIDEND IST, WAS HINTEN 'RAUSKOMMT

AUF DEM WEG DURCH DEN PFERDEDARM

Das Futteraufnahme-verhalten der Pferde hat sich im Laufe von Jahrtausenden nicht verändert.

Eigentlich hätten wir allen Grund, einen frisch gefallenen Pferdeknoddel als Wunderwerk der Natur anzusehen, hätte uns nicht unsere Erziehung beigebracht, Körperausscheidungen als „bäh" zu betrachten. Nüchtern gesehen, stellt der Pferdedarm tatsächlich ein bestaunenswertes Wunderwerk dar. Im Laufe der Evolution entstand ein Verdauungssystem, das auf beispielhafte Art und Weise verschiedene Funktionsabschnitte aufreihte, körpereigene mit körperfremden Mechanismen verknüpfte und so miteinander verband, daß die wenig gehaltvolle Nahrung der Wildpferde problemlos verarbeitet und bis in den letzten Zellwinkel genutzt werden konnte. Zu diesen Entwicklungen waren die Vorfahren unserer Hauspferde gezwungen, stellte ihnen doch ihr ursprünglicher Lebensraum, die Steppe, überwiegend sehr voluminöse und wenig gehaltvolle Nahrung zur Verfügung. Wer überleben wollte, mußte aus diesem Umstand das beste machen. Mit der Zeit paßten sich die wildlebenden Vorfahren unserer Pferde in ihrem Futteraufnahmeverhalten perfekt an die Gegebenheiten ihrer Umgebung an. Sie verbrachten mehr als die Hälfte des Tages damit, im Weideschritt (langsam einen Huf vor den anderen setzend) stetig kleine Mengen wenig gehaltvoller Nahrung aufzunehmen und optimal zu nutzen.

Einen Haken hat diese perfekte Anpassung allerdings: Sie ist das Ergebnis einer jahrtausendelangen Entwicklung und dementsprechend tief in der Anatomie, im Verhaltensmuster und den gesamten Stoffwechselvorgängen der Pferde verwurzelt. In Unkenntnis und/oder Mißachtung dieser Tatsachen gingen wir Menschen dazu über, unsere Pferde mehr und mehr mit gehaltvoller Nahrung, sprich Kraftfutter, zu beglücken und den Rauhfutteranteil zunehmend zu vernachlässigen - zum Schaden der Tiere. Doch die wenigen Jahrhunderte der Haltung und Zucht durch den Menschen vermochten es nicht, die grundlegenden Verhältnisse des Verdauungssystems zu beeinflussen, gegenüber den Urpferden haben sich weder die anatomischen noch die physiologischen oder ethologischen Faktoren signifikant geändert. Rauhfutter bester Qualität in freigebigen Mengen bildet nach wie vor die Basis der Fütterung jedes Pferdes, ob edles Vollblut oder stämmiges Urpony.

Grundsätzlich kann man davon ausgehen, daß alle Pferderassen dieselben grundlegenden Bedürfnisse hinsichtlich ihrer Ernährung haben und diese sich im Vergleich zu den wildlebenden Vorfahren unserer Hauspferde kaum geändert haben. Dies bedeutet, daß alle Pferde darauf angewiesen sind,
- ständig geringe Mengen
- wenig konzentrierter Nahrung
- bei langsamer Bewegung und
- in Gesellschaft von Artgenossen

aufzunehmen.

Beschäftigen wir Pferdehalter uns mit der Ernährung unserer Vierbeiner, kommen wir offensichtlich nicht umhin, die Fütterung in einem größeren Zusammenhang zu sehen und das natürliche Pferdeverhalten mit in unsere Überlegungen einzubeziehen.

Zurück zu den Vorgängen im Pferdedarm. Den Pferdehalter interessieren zwei Aspekte der Verdauung besonders: Die anatomischen Verhältnisse und die eigentlichen Verdauungsprozesse. Was wir salopp als „Verdauung" bezeichnen, ist ein überaus kompliziertes Zusammenspiel verschiedener Prozesse mit dem Ziel, die großen Bauteile der Nahrung so abzubauen und umzuformen, daß sie

durch die Darmwand hindurch in den Körper aufgenommen und dadurch für den Stoffwechsel verfügbar werden.

Zu diesem Zweck bildet das Verdauungssystem verschiedene Abteilungen oder Kompartimente, die anatomisch voneinander getrennt sind und so ganz unterschiedliche Milieus für die verschiedenen Prozesse bilden und aufrecht erhalten können.

Außerdem wurde die Darmwand so gestaltet, daß der Darminhalt komplett vom eigentlichen Körper getrennt ist. Das Innere des Darms, das Darmlumen, gehört streng genommen nicht zum Körper, sondern ist Bestandteil der Außenwelt!

So ist es auch möglich, daß im Darmlumen lebensfeindliche Prozesse ablaufen, ohne den Organismus zu gefährden: Man stelle sich nur vor, Salzsäure, eiweißzersetzende Enzyme oder große Mengen an Bakterien gelängen in die Blutbahn, die Schäden am Körper wären nicht auszumalen und sicher akut lebensbedrohlich. Die Darmwand ist deshalb zuverlässig nur für kleine, ungefährliche Nahrungsbestandteile durchlässig, die im Körperinneren keinen Schaden anrichten können.

Wird dieser empfindliche Mechanismus gestört, können schädliche Stoffe durch die Darmwand in den Körper eindringen und dort Probleme verursachen. Schwere Durchfälle, Vergiftungen, manche Infektionen und chronische Fehlernährung mit daraus resultierenden Veränderungen des Darmmilieus können die Darmwand in ihrer Funktion als Trennwand von Außenwelt zu Körperinnerem schädigen.

Ist der Hunger zu groß, wird weniger sorgfältig sortiert; manchmal müssen ein paar Finger dran glauben.

WAS PASSIERT IM ....

... Kopfdarm

Die Mundhöhle und ihre Organe haben die Aufgabe, die Nahrung zu ergreifen, mechanisch zu zerkleinern und dabei zu durchfeuchten und so den Bissen zum Abschlucken vorzubereiten. Die Lippen unserer Pferde sind recht beweglich und empfindlich, zudem mit feinen Tasthaaren ausgestattet und deshalb gut geeignet, die Nahrung zu sortieren. Während Rinder auch mal einen Nagel, ein Stück Stacheldraht oder ein paar Wäscheklammern verspeisen, verschluckt ein Pferd kaum je solch unbekömmliche Leckereien. Die Schneidezähne klemmen die Nahrung - etwa ein Grasbüschel - ein, worauf der ganze Pferdekopf leicht nickt und dadurch die Gräser abreißt; die Nahrung wird also eigentlich nicht abgebissen wie wir Menschen dies tun. Die Zunge prüft mittels eigener Geschmackssinnesorgane, den Geschmackspapillen, die Nah-

rung. Während des Kauvorgangs werden die Bissen durch die Backenzähne mechanisch zerkleinert und dabei mit Speichel getränkt. Die Speicheldrüsen produzieren zusammen täglich zwischen 40 und 60 Liter Speichel, der den Bissen durchfeuchtet, gleitfähig macht und mittels des in ihm enthaltenen Enzyms Ptyalin den Stärkeabbau einleitet. Ist der Bissen ausreichend zerkleinert, gleitfähig und geformt, wird er gegen den Gaumen gepreßt und in Richtung Rachen geschoben. Es schließt sich ein reflexgesteuerter, also unwillkürlicher Vorgang an, bei dem der Kehldeckel den Eingang zur Luftröhre verschließt, während der Bissen darüber hinweg abgeschluckt und in die Speiseröhre befördert wird.

... Vorderdarm

Die Speiseröhre verbindet den Kopfdarm mit dem Magen. Sie verläuft an der linken Halsseite abwärts zum Brusteingang, passiert das Zwerchfell und endet im Magen. Die Muskelschicht der Speiseröhre wird dabei zunehmend

Mäßige Kraftfuttergaben verhindern eine Überlastung des Pferdemagens.

dicker und die Einmündung in den Magen verfügt über einen vergleichsweise kräftigen Verschluß. Dadurch wird verhindert, daß Pferde sich übergeben können, was sich bei Magenüberladungen aufgrund zu großer Futtermengen fatal auswirkt. Innerhalb der Speiseröhre wird der Bissen durch Wellen von Muskelkontraktionen weitergeschoben, bis er im Magen landet.

Der bohnenförmige Magen faßt lediglich 8 bis 15 Liter Inhalt und hat die Aufgabe, Nahrung kurzfristig zu speichern und dann schubweise an den Zwölffingerdarm weiterzugeben. Ein Pferdemagen weist zwei funktionell unterschiedliche Abschnitte auf, die aber rein anatomisch nicht voneinander getrennt sind; man bezeichnet diese Form eines Magens als „einhöhligzusammengesetzt": Im Anfangsteil des Magens befinden sich Bakterien, die Stärke und Zucker, also Kohlenhydrate spalten. Im hinteren Abschnitt werden diese Bakterien und andere Keime, die

sich in der Nahrung befinden, weitgehend durch Salzsäure abgetötet. Außerdem bereitet der Magen dort die Eiweißverdauung vor, indem das Enzym Pepsin lange Proteinketten in kleinere Abschnitte zerlegt.

... Mittel- und Enddarm

Die Gesamtlänge des Mittel- und Enddarmes (das ist der Abschnitt, den wir gemeinhin einfach als „Darm" bezeichnen) beträgt immerhin ungefähr das Zehnfache der Körperlänge des Pferdes. Der schlauchförmige Darm ist auf äußerst komplizierte Weise in der Bauchhöhle gefaltet, gewunden, über- und untereinander gewickelt und besteht zudem aus Abschnitten mit unterschiedlichem Durchmesser. Leicht vorzustellen, was alles schief gehen kann, wenn sich in diesem endlosen Gewirr etwas verwickelt, die Nahrung nicht weiter transportiert wird oder größere Mengen Gase entstehen!

Wir unterscheiden in diesem Bereich zwei funktionelle Abschnitte, die wiederum aufgrund ihrer anatomischen Verhältnisse weiter unterteilt werden.

Im Dünndarm - bei einem durchschnittlichen Warmblut ganze 20 Meter lang - mit seinen Abschnitten Zwölffingerdarm (Duodenum), Leerdarm (Jejunum) und Hüftdarm (Ileum) bildet die Darmschleimhaut kleinste Vorwölbungen, sogenannte Zotten. Diese winzigen, fingerartigen Ausstülpungen vergrößern die Oberfläche der Schleimhaut um ein Vielfaches. In diesem Abschnitt wirken zahlreiche Verdauungssäfte: Zum einen sitzen in der Darmschleimhaut Drüsen, zum anderen produzieren die Anhangsgebilde Leber und Pankreas (Bauchspeicheldrüse) weitere Säfte. Der Leber des Pferdes fehlt die Gallenblase, so daß die

Der Dickdarm ist für den Aufschluß der pflanzlichen Gerüststoffe zuständig.

Galle ohne Zwischenspeicherung und Eindickung kontinuierlich in den Darm eingeleitet wird. Zusammen sorgen die in den Sekreten enthaltenen Enzyme dafür, daß Eiweiße, Fette und Kohlenhydrate weiter aufgespalten und in eine resorbierbare Form umgewandelt werden. Außerdem wird der durch den Magensaft angesäuerte Futterbrei hier neutralisiert. Im Dünndarm werden rund zwei Drittel der verdaulichen organischen Substanz enzymatisch abgebaut und resorbiert, der Dickdarm übernimmt anschließend die Verarbeitung des bereits weitgehend aufgeschlossenen und reduzierten Nahrungsbreies. Die in diesem Abschnitt in großen Mengen vorhandenen Bakterien bauen die Rohfaser, also die Gerüststoffe der Pflanzen, ab und setzen die bislang im Zellinneren eingeschlossenen Stoffe frei. Die Bakterien werden später in den hinteren Abschnitten des Dickdarms ebenfalls abgetötet und verdaut, so daß auch ihre Zellbestandteile dem Pferdeorganismus zur Verfügung stehen. Außerdem wird im Dickdarm dem Nahrungsbrei ein Großteil des Wassers entzogen, worauf die typischen „Äpfel" geformt werden, die das Pferd in Mengen zwischen 10 und 25 Kilogramm pro Tag und mit einer Restfeuchte von 75 Prozent absetzt. Recht unübersichtlich, das ganze Geschehen: Verschiedene Bestandteile der Nahrung - mit denen wir uns im nächsten Kapitel näher befassen werden - werden in unterschiedlichen Kompartimenten von Enzymen, Säuren oder gar Bakterien gespalten und ungeformt. Natürlich entstehen dabei neben festen Rückständen, die wir Pferdehalter tagtäglich aus Stall und Weide klauben dürfen, auch Gase, die uns meist beim Aufheben der Hinterhufe sanft um die Nase wehen, und andere Stoffe, die wir nicht zu Gesicht (oder in die Nase) bekommen. Sie zirkulieren im Körper des Pferdes, werden dort abgebaut oder über die Nieren ausgeschieden.

Die Verdauung besteht aus mechanischen (Zerkleinerung, Durchfeuchtung, Durchmischung, Transport), chemischen (Einwirkung von Enzymen, Säuren und Basen) und bakteriellen (Einwirkung der Darmbakterien) Prozessen.

Die im Verdauungssystem in „handliche" Stücke zerlegte Nahrung wird anschließend in den Blutkreislauf überführt und dorthin transportiert, wo sie gerade gebraucht wird oder gespeichert werden kann.

KLEINKRAM

DAS WHO IS WHO DER FUTTERMITTEL-DEKLARATION

Schon beim ersten Versuch, einen beliebigen Futtersackaufkleber zu interpretieren, geraten Sie vermutlich ziemlich ins Schwimmen: Da tauchen Begriffe wie Rohfett, Rohasche oder andere auf, die Ihnen zunächst wenig bis gar nichts sagen. Alles an Information, was Sie für die Beurteilung dieses Futters benötigen, steckt aber hinter eben jenen verwirrenden Begriffen, deshalb werden Sie sich zwangsläufig damit beschäftigen müssen. Was also steht auf dem Sackanhänger oder Aufkleber und wie lassen sich die verfügbaren Informationen interpretieren? Eine wichtige Frage, und hier kommen die Antworten - ja, Antworten, Mehrzahl.

Sie können nämlich ganz unterschiedliche Wege gehen, die in einer Ration enthaltenen Stoffe einzuteilen: Vielleicht interessiert es Sie am meisten, aus welchen Getreiden, Mühlennachprodukten und anderen Futtermitteln ein Mischfutter zusammengesetzt ist. Eventuell möchten Sie rein wissenschaftlich vorgehen und alles säuberlich nach chemischen Gesichtspunkten trennen. Pragmatiker halten mehr davon, nach der Funktion der einzelnen Inhaltsstoffe zu fragen; sie möchten wissen, was genau welcher Stoff im Organismus tut. Wie auch immer Ihre persönliche Sichtweise aussehen mag, wo auch Ihre speziellen Interessen lie-

Mischfutter bestehen aus einem Gemisch verschiedener Futtermittel.

gen, Sie werden jedes Futter von mehreren Standpunkten aus betrachten müssen.

Eine Form von Analyse allein vermag Ihnen nämlich keine hinreichende Auskunft über Art, Güte und Verwendungszweck eines Futtermittels zu geben. Werfen wir deshalb mal einen Blick auf Sackanhänger, Tütenaufkleber und Eimeraufdrucke: auf die Futtermitteldeklaration.

HAFER, KLEIE & CO.

Auf jedem Mischfutter finden Sie eine Liste der darin enthaltenen Futtermittel. Falls Sie also wissen möchten, aus welchen einzelnen Bestandteilen (Einzelfuttermitteln) ein Mischfutter (Mischfutter bestehen aus zwei oder mehr Einzelfuttermitteln; so sind melassierte Zuckerrübenschnitzel aus Rübenschnitzeln und Melasse zusammengesetzt) gemischt, also ob und wieviel Hafer, Gerste, Mais oder vielleicht Kleie darin enthalten ist, werfen Sie einen kritischen Blick auf die Deklaration. Sackanhänger geben nämlich in vielen Fällen nur recht unvollständig Auskunft darüber, sie führen oft lediglich alle Bestandteile in der Reihenfolge ihres Gewichtsanteils auf. So können Sie vielleicht nachlesen, daß Ihr Kraftfutter „Pferdefroh" aus den Bestandteilen „Hafer, Haferschälkleie, Gerste,

Bergheu, Melasse" gemischt wurde. Aus dieser Aufzählung allein läßt sich allerdings nicht ersehen, wieviel Hafer genau darin enthalten ist. Manche Hersteller gehen in ihrer Deklaration freiwillig über diese gesetzlich vorgeschriebene Mindestinformation hinaus und geben auch den prozentualen Anteil des Einzelfutters an. Dann steht auf dem Sackanhänger, daß im Futter „Pferdefroh" Hafer zu 50 Prozent, Haferschälkleie zu 20 Prozent, Gerste, Bergheu und Melasse zu je 10 Prozent verarbeitet wurden. Mit diesen Angaben und dem Wissen aus den Kapiteln vier und sechs können Sie die Qualität und Eignung dieses Futters für Ihre speziellen Bedürfnisse schon recht gut abschätzen. Der Blick auf die Zusammensetzung eines Futters lohnt also eigentlich nur dann, wenn alle Bestandteile mit Gewichts- oder prozentualem Anteil aufgeführt werden.

Heu und andere Rauhfutter sind reich an Rohfasern, den Gerüststoffen der Pflanzen.

In der Ruhe liegt die Kraft, lassen Sie sich nur nicht verwirren.

FACHCHINESISCH: DIE WEENDER ANALYSE

Neben dieser Auflistung werden Sie eine weitere Reihe von Angaben finden, die recht unverständliche Begriffe beinhaltet. Was versteht man unter „Rohasche" oder „Rohprotein", und was fangen Sie mit diesen Angaben an? Des Rätsels Lösung heißt „Weender Analyse". Mit Hilfe dieser „Konventionsanalyse" (sie heißt so, weil man sich darauf geeinigt hat, Futtermittel grundsätzlich auf diese Art und Weise zu analysieren, damit man auf der ganzen Welt Ergebnisse und Erfahrungen austauschen kann) werden alle in einem Futtermittel enthaltenen Stoffe durch eine Reihe von Verfahren zerlegt, das Futtermittel wird damit in verschiedene Anteile, sogenannte Fraktionen, getrennt. In diesen Fraktionen sind Inhaltsstoffe zusammengefaßt, die jeweils durch ein bestimmtes Extraktionsverfahren aus dem Futtermittel herausgelöst werden können. Diese Fraktionen oder Rohnährstoffe verstecken sich hinter den eigenartigen „rohen" Begriffen. Wollen Sie die Angaben der Weender Analyse interpretieren, müssen Sie natürlich wissen, was sich im einzelnen dahinter verbirgt. Bitte schön:

Rohwasser

Erhitzt man frisches Futter bei 105 Grad über drei bis fünf Stunden, so entweicht das Rohwasser; zurück bleibt die Trockensubstanz des Futters. In der Fraktion des Rohwassers finden sich außer Wasser flüchtige

Fettsäuren, ätherische Öle, Alkohole und Ammoniak.

Rohasche

Verascht (von „Asche", nicht was Sie denken) man nun einen Teil der Trockensubstanz in einem Muffelofen bei 600 Grad, so entweicht die organische Substanz, zurück bleibt die Rohasche. Diese wiederum läßt sich in zwei verschiedene Bestandteile trennen, nämlich in die *Reinasche* (Mineralstoffe) und die *anorganischen Verunreinigungen* (Sand oder Ton, die meist bei der Gewinnung untergemischt wurden und selbstverständlich eigentlich nicht in ein Futtermittel gehören).

Die organische Substanz eines Futtermittels läßt sich wiederum in verschiedene Anteile aufspalten, die allesamt für die Beurteilung besonders wichtig sind.

Rohprotein

Das Kjehldahlverfahren löst den Futterstickstoff aus dem Futter. Daraus läßt sich das Rohprotein ermitteln, das

sich aus Proteinen, Aminosäuren (den kleinsten Bausteinen der Proteine), Säureamiden, stickstoffhaltigen Glykosiden und Betain zusammensetzt.

Rohfett

Das Rohfett läßt sich mit dem Soxhlettapparat aus dem Futter entfernen und besteht aus Neutralfetten, Phospholipiden, Sphingolipiden, Wachsen, Harzen, Chlorophyll, Carotinoiden, Fettsäuren und fettlöslichen Vitaminen.

Rohfaser

Mit Schwefelsäure läßt sich schließlich der Gehalt an Rohfasern in einem Futtermittel bestimmen. Zu den Rohfasern, also den Gerüststoffen der Pflanzen, gehören alle Cellulosen, Pentosane, Lignin, Suberin und Cutin.

NfE

Aus der Differenz von organischer Substanz und den bisher bestimmten Fraktionen läßt sich der letzte Rohnährstoff indirekt ermitteln, für den es kein

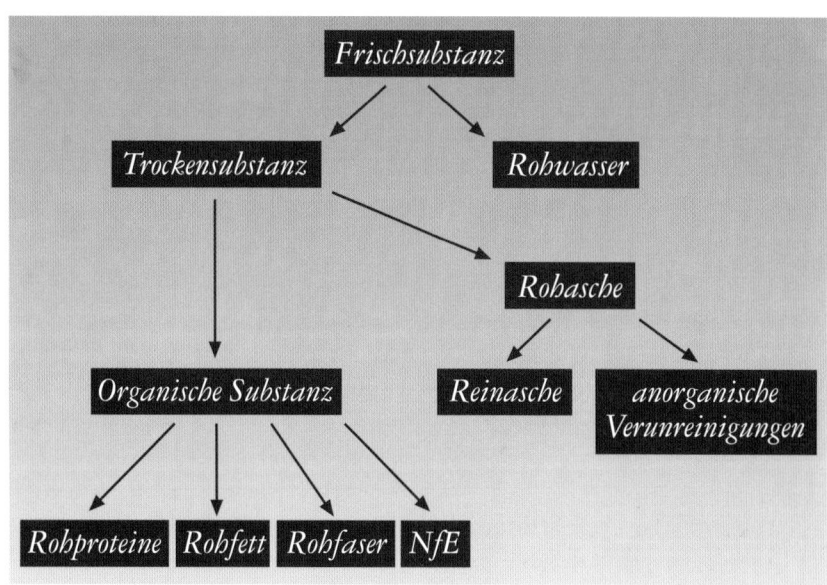

eigenes Extraktionsverfahren gibt: Die stickstofffreien Extraktstoffe oder NfE. In dieser Fraktion sind Zucker, Stärke, Glykogen, Inulin, Hemicellulosen und Pektine enthalten.

Ihnen brummt ob der vielen unverständlichen Fachbegriffe sicher schon der Kopf. „Rohprotein" ist schon schlimm genug, aber „Sphingolipid" ... ? Zum besseren Verständnis deshalb auf der Seite nebenan eine kleine Übersicht und dann das Ganze noch mal stark vereinfacht, aber dafür in verständlichem Deutsch.

DAS GANZE NOCHMAL, GANZ LANGSAM

Werfen wir einen Blick auf die chemische Zusammensetzung der Futtermittel. Rein chemisch gesehen bestehen die Fraktionen der Weender Analyse nämlich nicht aus einheitlichen Stoffgruppen, was hätte sonst ein Öl beim Rohwasser verloren? Also, „Fett" ist nicht gleich „Rohfett", „Protein" nicht gleich „Rohprotein" und den Begriff „Rohkohlenhydrat" werden Sie sowieso vergeblich suchen. Für unsere Zwecke, also die korrekte, aber eben nicht hoch wissenschaftliche Beurteilung von Futtermitteln, übersetzen wir wie folgt:

- Frischsubstanz = das unveränderte, frische Futtermittel
- Trockensubstanz = die trockenen, festen Bestandteile eines Futters
- Rohwasser = alles, was verdunsten kann
- Rohprotein = im Futter enthaltene Eiweißstoffe
- Rohfett = Fette
- Rohfaser = Gerüststoffe der Pflanzen, Ballaststoffe, chemisch

Kohlenhydrate liefern Energie für jede Aktivität des Organismus.

gesehen schwer verdauliche Kohlenhydrate

- NfE = leicht verdauliche Kohlenhydrate

So, jetzt sehen Sie hoffentlich ein bißchen klarer.

FÜR PRAGMATIKER: DIE FRAGE NACH DER FUNKTION

Was den Pferdehalter aber am meisten interessiert, ist die Frage: Was macht mein Pferd denn nun mit seiner Nahrung? Nach ihrer Funktion im Körper lassen sich Nahrungsbestandteile in Nährstoffe, Mineralien und Wirkstoffe einteilen, wobei uns zunächst nur die Nährstoffe interessieren. Sie liefern sozusagen das Benzin, das Getriebeöl und die Ersatzteile für den Motor „Organismus".

Die *Kohlenhydrate* spielen eine wichtige Rolle in der Energieversorgung des Körpers. Der bedeutendste und

*Merke:
Kohlenhydrate
stellen schnell
verfügbare
Energie bereit.*

zentrale Vertreter dieser Stoffgruppe, die Glucose, ist Ihnen sicher als „Blutzuckerspiegel" geläufig: Ständig bevorratet der Organismus eine bestimmte Menge oder, besser gesagt, eine festgelegte Konzentration dieses Zuckers im Blut und deckt daraus den aktuellen Energiebedarf. Außerdem kann Glucose in verketteter Form, als Glykogen, in der Muskulatur und der Leber gespeichert und von dort bei Bedarf frei gesetzt werden. Die Kohlenhydrate verstecken sich in der Weender Analyse hinter den Fraktionen der NfE und der Rohfaser, einmal als leicht verdauliche Zucker, zum anderen als schwer angreifbare Gerüststoffe.

Auch die *Fette* mischen im Energiestoffwechsel kräftig mit, sie stellen aber, im Gegensatz zu den Kohlenhydraten, einen langfristig orientierten Speicher dar. Wann immer mehr Energie gefüttert wird als der Körper aktuell benötigt, wird sie in Form von Fett gespeichert (sogenanntes Depotfett). Fett kann aber auch am Bau von Körperstrukturen beteiligt sein, dann nennt

man es Baufett. Baufettpolster finden sich vor allem im Mähnenkamm und im Bereich der Augenhöhle. Dem Pferdehalter können diese beiden Polster wichtige Hinweise auf den Fütterungszustand seines Pferdes geben. Liegt der aktuelle Energiebedarf über der gefütterten Menge, kommt es also zu einem Defizit, baut der Körper zunächst das Glykogen ab und greift dann die Fettdepots an. Erst wenn die Situation wirklich kritisch wird, das Defizit also längere Zeit besteht und alle anderen Vorräte aufgebraucht sind, greift der Organismus auf das Baufett zurück. Beginnt der Mähnenkamm zu kippen oder entstehen über den Augen tiefe Höhlen, ist dies als Alarmsignal zu werten (es sei denn, das Pferd ist bereits sehr alt oder hat eine außergewöhnlich schwere Mähne).

*Merke: Fette
liefern Energie
und werden als
langfristige Vor-
räte gespeichert.
Daneben sind
sie am Bau
mancher Kör-
perstrukturen
beteiligt.*

Die *Eiweiße* schließlich bilden den Hauptbestandteil der Muskulatur und der inneren Organe des Körpers. Sie bestehen aus unterschiedlich langen und verschieden zusammengesetzten Ketten

*Beim Fett
unterscheiden wir
Depotfett und
Bauchfett.*

von Aminosäuren, deren wichtigste Vertreter Lysin, Methionin und Tryptophan heißen. Die Hauptaufgabe der Eiweiße oder Proteine liegt zwar im Aufbau von Körperstrukturen, aber auch sie können zur Energiegewinnung eingesetzt werden. Dies geschieht allerdings nur im Notfall, da die Umsetzung wenig effektiv und für den Stoffwechsel recht belastend ist.

Kohlenhydrate, Fette und Eiweiße erfüllen also ganz unterschiedliche Funktionen im Organismus. Dies sollte der Pferdehalter immer im Hinterkopf behalten, will er oder sie über die Eignung eines Pferdefutters urteilen. So braucht ein im Wachstum stehendes Jungpferd, eine tragende oder laktierende (milchgebende) Stute oder ein am Beginn seines Trainings stehendes

Reitpferd vermutlich ein eher eiweißhaltiges Kraftfutter, während ein Hochleistungssportler besonders viel Energie benötigt. Umgekehrt wäre es wenig sinnvoll, ein ausgewachsenes, wenig beanspruchtes Freizeitpferd mit einem stark eiweißhaltigen Futter zu beglücken.

> Eine Kohlenhydrate, Fette und Eiweiße in der benötigten Menge und Gewichtung bereit stellende Tagesration sorgt dafür, daß die Pferde im Idealgewicht erhalten werden und im Stoffwechsel keine belastenden, wenig effektiven Umwege begangen werden müssen.

Eiweiße werden für das Wachstum von Muskeln und Organen benötigt.

Merke:
Eiweiße werden vor allem für das Wachstum und die Erhaltung der Muskulatur und der inneren Organe benötigt.

Rauhfutter fühlt sich so an, wie es heißt.

RAUHE SITTEN

Rohfaser keine Darmperistaltik und keine Mikroorganismen im Darm. Kurz: Ohne ausreichend Rauhfutter bester Qualität keine funktionierende Verdauung!

HEU, STROH UND ANDERE RAUHE FUTTERMITTEL

Grundsätzlich teilt man Futtermittel in Rauh- oder Strukturfutter, Kraftfutter, Saftfutter und Ergänzungsfutter ein. Basis jeder Tagesration ist das rohfaserreiche Rauhfutter, sei es als Konserve (Heu, Silage, Heucobs oder ähnliches) oder frisch auf den Futtertisch. Ohne Rauhfutter keine Rohfaser, ohne

HEU – DER KONSERVIERTE SOMMER

Das gebräuchlichste Rauhfutter ist das Heu, meist Wiesenheu des ersten Aufwuchses. Zu seinen typischen Eigenschaften gehören gute Bekömmlichkeit, hohe Verdaulichkeit und generelle Verfügbarkeit, während Gras, Stroh oder Silage oft nur eingeschränkt einsetzbar oder begrenzt verfügbar ist.

Wiesenheu besteht immer aus einer Mischung ganz unterschiedlicher

Pflanzen in variablen Gewichtsanteilen, so daß zur Beurteilung von Qualität und Gehalt eigentlich eine Stichprobe gezogen und analysiert werden muß. Die Eigenschaften eines Heus hängen im wesentlichen ab von

- dem Ausgangsmaterial, also dem Bewuchs der Heuwiese,
- dem Zeitpunkt des Schnittes und
- der Gewinnung.

Heu von Wiesen mit vielfältigem Pflanzenbestand hat heute schon fast Seltenheitswert, meist werden durch gezielte Düngung die schnell wachsenden, ertragreichen Gräser einseitig und auf Kosten der Kräuter und Leguminosen gefördert. Die botanische Zusammensetzung einer Heuwiese beeinflußt aber nachhaltig den Ertrag, die Akzeptanz (Verzehrsleistung) der Tiere, den Futterwert und die Bekömmlichkeit des Heus. Wo möglich, sollte der Pferdehalter darauf hin wirken, durch ausgewogene Düngung und sorgsame, schonende Nutzung seiner Heuwiesen und Weiden den Pflanzenbestand möglichst vielseitig zu erhalten. Breiten sich manche Pflanzengruppen übermäßig aus, beispielsweise Quecke oder Brennessel, ist dies immer ein Hinweis auf falsches Management.

Der genaue Schnittzeitpunkt hängt vom Vegetationsstadium ab, wird also je nach Witterung und Lage der Wiese jedes Jahr unterschiedlich ausfallen. Gutes Pferdeheu kann gewonnen werden, wenn das Gras maximal gewachsen, aber noch nicht verholzt oder vertrocknet ("überständig") ist und ein Großteil aller Pflanzen blüht. Der Schnittzeitpunkt für Pferdeheu liegt generell nach dem für Kälber und Kühe, diese bevorzugen weichere Nahrung. Auf manchen Heuwiesen kann

ausgangs des Sommers ein zweiter ("Grummet" oder "Öhmd") oder gar ein dritter Schnitt gewonnen werden, dieser eignet sich aber nur bedingt zur Verfütterung an Pferde. Grummet sollte allenfalls im Verhältnis ein Drittel zu zwei Dritteln mit erstem Schnitt gemischt dargereicht werden.

Bei der Gewinnung muß das Heu so schnell wie möglich von seiner Schnittfeuchte (rund 82 Prozent) auf die optimale Lagerfeuchte (20 Prozent) getrocknet werden; im Lager verringert sich die Feuchte durch einen "Nachschwitzen" genannten Vorgang nochmals, so daß das Endprodukt schließlich eine Restfeuchte von 14 bis 16 Prozent aufweist. Nach dem Schneiden wird das Heu mehrmals aufgelockert ("zetten") und gewendet, dann jeweils abends in Reihen zusammengerecht ("einschwaden") und am nächsten Morgen wieder verteilt, damit der Nachttau es möglichst wenig befeuchtet. Übertreiben sollten Sie es allerdings nicht mit dem Wenden und Ausbreiten, da sich die Bröckelverluste je Arbeitsgang erhöhen. Nach dem Einfahren muß das Heu so gelagert werden, daß von allen Seiten Luft herandringen kann, damit das Nachschwitzen nicht zu Schimmelbildung oder Fäulnis führt oder sich die Temperatur im Heustock zu sehr erhöht. Erst sechs bis acht Wochen später ist dieser Vorgang abgeschlossen und das Heu kann gefüttert werden. Wartet man diesen Zeitraum nicht ab, kann der erhöhte Keimgehalt im Heu zu schwersten Koliken führen, also Geduld, bitte.

Die Beurteilung der Heuqualität spielt heute, im Zeitalter der Heuallergien und chronischen Bronchitiden, eine immer größere Rolle. Dem Pferdehalter reicht meist ein recht allgemeiner

Die Qualität des Heus hängt ganz wesentlich von einer sachgerechten Gewinnung ab.

tisch keinen Schimmel feststellen können!) oder sonstwie unangenehmen Geruch wahr, verwerfen Sie das Heu.

• Beurteilen Sie die Farbe: Frisch und leicht grün sieht gutes Heu aus, blasses Heu ist vermutlich verregnet, strohartiges zu spät geerntet worden. Weiße, schwärzliche oder gräuliche Bereiche weisen auf Schimmelbefall, sehr dunkle Bereiche auf Überhitzung hin. Wegwerfen!

• Schütteln Sie einen Ballen gründlich auf und beurteilen Sie die Menge der Schwebeteilchen - in der Luft über dem Heu - und der herausbröselnden Beimengungen. Finden Sie nach dem Aufschütteln unter dem Ballen eine kartoffelackerdicke Erdschicht, müssen Sie sich an die eigene Nase fassen. Entweder haben Sie es versäumt, die Maulwurfshügel auf Ihrer Heuwiese rechtzeitig einzuebnen, oder ihr Mähwerk ist zu tief eingestellt. Nach dem Schnitt sollte eine mindestens fünf, besser zehn Zentimeter hohe Grasdecke stehen bleiben, weniger schadet auf Dauer Ihrer Wiese und bringt zuviel Erde ins Heu ein.

Eindruck, der sich aus der Sinnenprüfung ergibt: Er oder sie nutzt seine Sinne, um sich ein Bild zu machen.

• Ein Blick auf die Artenvielfalt und den Zustand der Pflanzen gibt Auskunft über die botanische Zusammensetzung und den Schnittzeitpunkt: Finden Sie Gräser, Leguminosen und Kräuter? Blüht ungefähr die Hälfte aller Pflanzen? Dann stimmen Pflanzenvielfalt und Schnittzeitpunkt.

• Greifen Sie kräftig und mit beiden Händen in ein Büschel Heu: Fühlt es sich ein bißchen stachelig, aber weder zu weich noch richtig sperrig an? Prima! Finden Sie aber feuchte, klamme oder gar glitschige Bereiche, so eignet sich dieses Heu keinesfalls für die Fütterung.

• Nehmen Sie eine Nase voll Heuduft: Riecht es richtig gut, appetitlich und aromatisch, so ist es vermutlich von hoher Qualität. Nehmen Sie dagegen einen muffigen, schimmeligen (auch wenn Sie op-

Heu bildet die Grundlage der Pferdefütterung und sollte deswegen immer von allerbester Qualität und in ausreichenden Mengen verfügbar sein. Jedes Pferd benötigt täglich mindestens 0,5 Kilogramm je 100 Kilogramm Körpergewicht, besser sind Mengen von ungefähr 1 Kilogramm je 100 Kilogramm Gewicht als Mindestmenge und Grundlage der Tagesration.

STROH - MEHR ALS EIN ABFALLPRODUKT

Bei der Getreidegewinnung fällt der Halmanteil als Stroh an. Stroh wird gerne als Einstreu genutzt oder zusätzlich zu Heu als Rauhfutter gereicht. Die getrockneten Blätter, Stengel und körnerlosen Ähren des Getreides enthalten einen hohen Anteil an unverdaulichen Gerüststoffen, und darin liegt sowohl sein Wert als auch eine gewisse Gefahr. So kann Stroh ergänzend zu Heu gereicht werden, vor allem wenn die Fettpölsterchen des lieben Rosses eine gewisse Reduktion der Heumenge nötig machen.

Auch als reine Beschäftigungstherapie aus der Einstreu aufgenommen erfüllt Stroh eine wichtige Funktion. In schlechten Heujahren stellt gutes Stroh eine gewisse Alternative dar, natürlich ergänzend zu einem geeigneten Kraftfutter oder geringeren Mengen an Heu, Silage und Heucobs, je nach Verfügbarkeit. Allerdings dürfen beim Einsatz von Stroh bestimmte Höchstmengen nicht überschritten werden, sonst kann die grobe Struktur zu Verstopfung führen.

Achtung, Offenstallbesitzer: Verfüttern Sie Heu und Stroh und ist Ihre Gruppe eher heterogen zusammengesetzt? Verdrängen die ranghohen Tiere die anderen solange vom Heu, bis dieses restlos verputzt und für die rangniederen Pferde nur noch das Stroh übrig ist? Solche Konstellationen stellen geradezu eine Einladung an schwere Verstopfungskoliken dar!

Pferde bevorzugen Weizen- oder Gerstenstroh, nährstoffreicher ist dagegen das Haferstroh. Bezüglich der Qualität können Sie, wie beim Heu, eine Sinnenprüfung vornehmen. Stroh sollte von leuchtend gelber Farbe, angenehmem Geruch, frei von Verschmutzungen und Verfärbungen sein und wenig bis keine Beimengungen aufweisen.

Schlechtes Stroh muß komplett verworfen und sollte auch nicht als Einstreu verwendet werden, da alle Pferde unkontrolliert auch aus der Einstreu fressen.

Die Bedeutung guten Strohs in der Pferdefütterung darf nicht unterschätzt werden.

Auch für die Einstreu darf nur Stroh bester Qualität verwendet werden.

Stroh eignet sich als rohfaserreiches, eiweißarmes Rauhfutter zur Ergänzung des Rauhfutteranteiles der Tagesration. Bezüglich der Qualität und hygienischen Beschaffenheit dürfen, wie beim Heu, keine Abstriche gemacht werden, auch wenn nur die Verwendung als Einstreu vorgesehen ist. Mengen von bis zu 0,5 Kilogramm je 100 Kilogramm Gewicht können problemlos verfüttert werden. Aufgrund seiner groben Struktur eignet es sich besonders als „Darmbremse" im Frühjahr und hilft, Durchfälle bei der Umstellung auf die Weide zu verhindern.

SILAGE - SAUERKRAUT Á LA ROSS

Silagen sind Grünfutter, die durch Säuerung haltbar gemacht wurden. Für die Silierung eignen sich nur Futterpflanzen mit ganz bestimmten Eigenschaften, die eine gezielte Säuerung ermöglichen. Benötigt werden Grünfutter mit hohem Kohlenhydrat- und niedrigem Proteingehalt. Die Qualität der Silage hängt sowohl von der Wahl geeigneter Futterpflanzen als auch vom ungestörten Verlauf des Gärungsprozesses ab. Grundsätzlich werden Futterpflanzen in leicht vergärbare Grünfutter wie etwa Mais, Zuckerrübenblätter oder Kohl, mittelschwer vergärbare wie Wiesengras oder Klee und schwer vergärbare wie Raps oder Roggen unterschieden.

Das Grundprinzip der Konservierung durch Silierung ist, unabhängig vom Ausgangsmaterial, immer dasselbe: Milchsäurebakterien, die im Schnittgut vorkommen oder zugefügt werden können, verbrauchen Kohlenhydrate und produzieren dabei als Abfallprodukt Milchsäure, die als Konservierungsmittel wirkt und das Wachstum anderer, unerwünschter Keime hemmt. Da im Schnittgut ursprünglich nur relativ geringe Mengen der erwünschten Milchsäurekeime vorhanden sind, muß es so vorbehandelt werden, daß deren weiteres Wachstum von Anfang an begünstigt, das der Schadkeime gehemmt wird, bis die zunehmende Konzentration der nun entstehenden Milchsäure diesen Job übernimmt. Nur wenn dies gelingt, ist eine einwandfreie Silierung und damit Konservierung des Futtermittels möglich, denn Milchsäure wirkt erst bei Erreichen einer bestimmten Konzentration keimhemmend.

Als optimale Bedingungen für die Entwicklung von Milchsäurebakterien gilt eine Temperatur von 15 bis 25 Grad, ein pH-Wert von 4 bis 5, die Abwesenheit von Sauerstoff und ein Gehalt von rund 2 Prozent an leicht vergärbaren Zuckern in einem Schnittgut mit einer Trockenmasse von 40 Prozent. Schon aus diesen Rahmenbedingungen ist ersichtlich, wie kompliziert der Gärungsprozeß eigentlich ist.

Zum Einsatz kommen in der Regel Grassilagen, also siliertes Wiesengras. Außerdem können Maissilagen gefüttert werden, die sich besonders zum Auffüttern untergewichtiger Pferde eigenen, weniger für die Verfütterung an sehr leichtfuttrige oder übergewichtige Tiere. Die Eigenschaften von Maissilage liegen irgendwo zwischen reinem Rauhfutter und normalem Kraftfutter, sie ist proteinarm, aber reich an Energie. Mengen von ungefähr 2 bis 3 Kilogramm pro 100 Kilogramm Lebendgewicht können an Reitpferde problemlos verfüttert werden.

Die Fütterung von Silagen ist in der Rinderhaltung sehr verbreitet und seit langem üblich, während sie in der Pferdefütterung erst seit relativ kurzer Zeit und vorwiegend in Großbetrieben praktiziert wird. In der mangelnden Erfahrung mit silierten Futtermitteln liegen auch die größten Gefahren beim Einsatz dieses „Sauerkrauts". Der durchschnittliche Pferdehalter wird in den meisten Fällen kaum in der Lage sein, selbst Silage zu produzieren, obwohl die Silierung im Vergleich zur Heuproduktion gewisse Vorteile und Erleichterungen mit sich bringt. Lediglich große Betriebe verfügen über ausreichend Erfahrung und den notwendigen Maschinenpark, so daß kleinere Höfe ihre Silage in der Regel von benachbarten landwirtschaftlichen Betrieben beziehen.

Fehlgärungen, hervorgerufen durch die Aktivität unerwünschter Keime,

Silageballen sollten auf der flachen Seite auf Paletten gelagert und durch Netze vor Vögeln geschützt werden.

beeinträchtigen nicht nur die Qualität der Silage, sondern können auch eine erhebliche Gesundheitsgefährdung mit sich bringen. Pilze, wie sie sich bei ungenügender Verdichtung vor allem in den Randschichten ansiedeln, Clostridien, Listerien oder andere krankmachende Keime können Silagen völlig unbrauchbar machen. Die Ursachen solcher Fehlgärungen liegen nicht ausschließlich in Fehlern während der Silageproduktion, sondern können auch durch unsachgemäße Lagerung und zu lange Belüftung des Anschnittes begründet sein.

Die Qualität von Silagen läßt sich mittels der Sinnenprüfung recht gut beurteilen. Erwünscht ist ein leicht säuerlicher, aromatischer, aber auch fruchtiger oder brotartiger Geruch und ein Fehlen jeglicher Verunreinigungen. Struktur und Feuchte hängen natürlich weitgehend vom Ausgangsmaterial ab. Abzulehnen ist in jedem Fall ein starker Verlust der ursprünglichen Konsistenz bis hin zur schleimigen oder schmierigen Beschaffenheit. Brandige Verfärbungen und Schimmelnester (weiße, grüne oder sogar bläuliche Bereiche) weisen auf Fehlgärungen hin und müssen bis weit in den gesund erscheinenden Bereich entfernt werden. Ballen, in denen Kadaver gefunden werden, sind vollständig zu verwerfen.

Die Vorteile der Silageproduktion liegen auf der Hand: Durch die stark reduzierte Trockendauer spielt der Einfluß des Wetters eine geringere Rolle als bei der Heugewinnung, damit vermindern sich die Ernterisiken bedeutend. Silagen werden meist gerne gefressen und sind, wenn von hoher hygienischer Qualität, auch ausgesprochen bekömmlich. Sie werden nicht nur als Rauhfutter eingesetzt und emp-fehlen sich da besonders für die Fütterung heuallergischer Pferde, je nach Ausgangsmaterial haben sie auch den Charakter eines Kraftfutters und können entsprechend verwendet werden.

> Grassilagen stellen bei guter bis sehr guter Qualität eine hervorragende Alternative zu Heu dar und können in vergleichbaren Mengen gefüttert werden. Maissilage ist ausgesprochen energiereich und eignet sich ebenfalls für den Einsatz in der Pferdefütterung.

RAUHFUTTER FÜR KRÜMELMONSTER: TROCKENGRÜN

Das Trocknen und Silieren von Wiesengras oder anderen Grünpflanzen ist die gebräuchlichste Form der Konservierung, doch in der Futtermittelindustrie wird gerne ein weiteres Verfahren angewendet: Die Heißlufttrocknung von Grünfutter. Nicht allmählich unter freiem Himmel, durch warme Luft und Sonnenstrahlen, sondern ganz schnell durch Heißluftgebläse wird Gras, Luzerne oder Klee getrocknet und anschließend zerkleinert. Je nach dem Grad der Zerkleinerung entstehen Grünmehle, die meist in Mischfuttermitteln eingearbeitet werden, oder Häcksel, die anschließend zu Cobs oder Briketts gepreßt und als Heuersatz angeboten werden.

Vor allem Heucobs oder Briketts werden gerne an Heuallergiker verfüttert, da durch die Art der Gewinnung

Heucobs eignen sich besonders für die Fütterung heuallergischer Pferde.

und Verarbeitung kaum Schimmelsporen entstehen und auch die Staubbelastung vergleichsweise gering bleibt. Durch die Zerkleinerung geht allerdings die physikalische Struktur, die „rauhe" Beschaffenheit, weitgehend verloren, obwohl der Rohfasergehalt natürlich unberührt bleibt. Deshalb eignen sich diese Produkte nur bedingt als Heuersatz, bei ihrem Einsatz muß unbedingt Stroh oder ein anderes Rauhfutter zusätzlich gereicht werden.

Trockengrünprodukte werden, je nach Zerkleinerungsgrad, als Heuersatz gereicht (Heucobs, Heubriketts) oder in Kraftfutter eingemischt. Bei Berücksichtigung der fehlenden physikalischen Struktur und ausreichend Ersatz in Form von Stroh stellt die Fütterung von Heucobs vor allem für Heuallergiker eine praktische und bezahlbare Alternative dar. Die Verwendung größerer Mengen Grünmehle in Mischfuttern dagegen ist nicht unbedingt sinnvoll.

Futtermittel	Eiweiß (g/kg)	Energie (MJ/kg)	Rohfaser (g/kg)
Heu, erster Schnitt	52	7,5	268
Weizenstroh	7	5	402
Anwelksilage, Wiese	31	3,3	100
Maissilage (CCM)	42	8,2	32
Heucobs	100	8,2	260

*Weidegang:
Hier ist er Pferd,
hier darf er's sein.*

FRESSEN IN FREIHEIT

DER WEIDEGANG

Während der Pferdehalter die Weide überwiegend als Futterlieferanten betrachtet, steht für das Pferd die Tatsache im Vordergrund, daß es auf der Weide ganz Pferd sein darf: Der natürliche Tagesrhythmus von Futteraufnahme, Ruhezeit und sozialer Interaktion ist nur bei ganzjähriger Offenstallhaltung annähernd so vollständig gewährleistet wie beim Weidegang der Herde. Die Kreislauf-, Atmungs- und Temperaturregulationssysteme werden trainiert, die Intelligenz und Aufmerksamkeit des Individuums kann sich entwickeln. Für tragende Stuten und Aufzuchtpferde ist der Weidegang ein Muß, für alle anderen zumindest erstrebenswert.

Vorsichtige Futterumstellung, sinnvolle Beschränkung der Futteraufnahme, rechtzeitiges Umtreiben, allgemeine Pflegemaßnahmen, Schattenplätze und gute Wasserversorgung müssen unbedingt gewährleistet sein.

Aufwuchs und botanische Zusammensetzung der Weide werden durch

Lage und Klima, Nährstoffgehalt des Bodens, Art und Häufigkeit der Nutzung sowie vom Vegetationsstadium zum Zeitpunkt der Nutzung beeinflußt. Sie bestimmen den Ertrag, die Akzeptanz, den Futterwert und die Bekömmlichkeit des Weidegrases. Der Pferdehalter kann die botanische Zusammensetzung und den Aufwuchs in begrenztem Umfang aktiv beeinflussen, sprich verbessern und so den Wert seiner Weide optimieren. Sicher ist der Pferdehalter vorwiegend daran interessiert, einen mengenmäßig guten Aufwuchs sowohl seiner Weiden als auch der Heuwiesen zu erhalten. In letzter Zeit findet aber auch die Zusammensetzung des Bewuchses zunehmend Beachtung. Züchtete man lange Zeit durch entsprechende Einsaat und maximale Düngung gezielt einen hohen Grasbestand, legt man heute wieder vermehrt Wert auf einen vielseitig zusammengesetzten Bewuchs mit Gräsern, Kräutern und Leguminosen. Entsprechende Saatmischungen sind mittlerweile im Angebot und setzen sich bei bedarfsgerechter Düngung langfristig durch.

Bei langjährig genutzten, mangelhaft gepflegten Pferdeweiden beobachtet man eine zunehmende Verarmung des Pflanzenbestandes, hervorgerufen durch selektive Beweidung und einseitige Düngung, etwa ausschließlich mit kompostiertem Pferdemist. Abhilfe läßt sich durch Wechselbeweidung mit Rindern oder Schafen schaffen, die von Pferden verschmähte Pflanzen nachträglich abweiden und so ein gewisses Gleichgewicht erhalten. Dies wird aber nicht immer und überall möglich sein. Will man nicht regelmäßig umbrechen und neu ansäen, bietet sich die pfluglose Nachsaat mit speziellen Sämaschinen an, am besten direkt im Frühjahr rechtzeitig vor dem Austrieb oder im Anschluß an die Heumahd. Besonders bei sehr einseitigem Pflanzenbestand empfiehlt es sich auch, die Düngung kritisch zu hinterfragen.

Der Grundriß einer Weide bestimmt wesentlich darüber, inwiefern dem Laufbedürfnis der Pferde Rechnung getragen wird. Besonders im Flachland ist es üblich, das vorhandene Weideland in quadratische Parzellen einzuteilen, während im hügeligen Gelände der Verlauf der Einzäunung den örtlichen Gegebenheiten angepaßt wird. Wo immer möglich, sind langrechteckige Weiden einzurichten, die lange Laufstrecken möglich machen. Tote Winkel sind aus Sicherheitgründen zu vermeiden beziehungsweise abzutrennen, damit bei Auseinandersetzungen immer die Flucht des Unterlegenen möglich ist. Bei langweiligen Quadratweiden können künstliche Geländehindernisse eingebaut werden, um die

Ohne sorgfältige Pflege verarmen Pferdeweiden mit den Jahren.

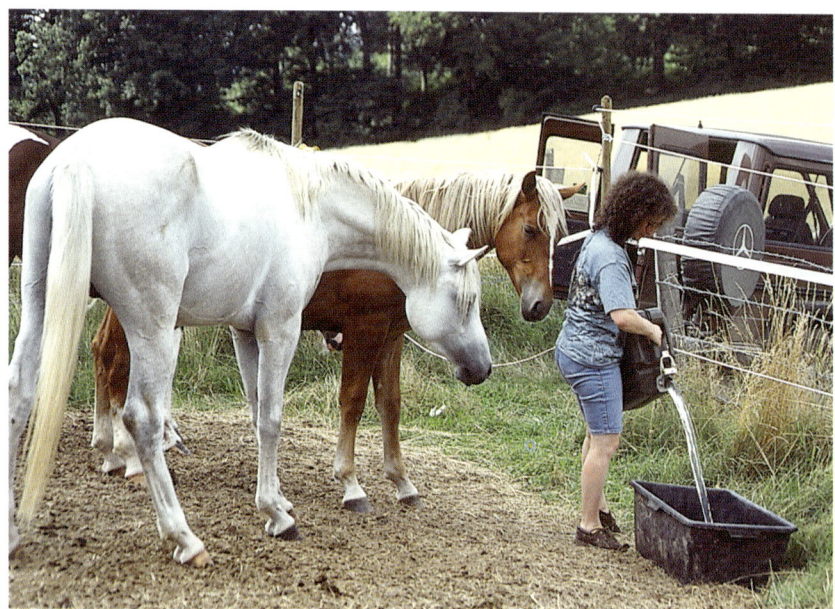

Für kleine Gruppen reicht eine Wasserstelle, größere Herden benötigen zwei oder mehr Tränken.

Pferde vermehrt zum Laufen und Spielen anzuregen und die Trittsicherheit und Wendigkeit zu fördern. Dazu bieten sich Steinhaufen, Buschgruppen oder einzelne Zaunelemente an.

Die Wasserversorgung ist oft ein kritischer Punkt im Weidemanagement. Besonders bei großen Herden ist die Versorgung aufwendig, da häufig eine einzige Wasserstelle nicht ausreicht und zwei oder mehr Wasserwagen, Bottiche oder Pumpen eingerichtet werden müssen. Ranghohe Pferde halten sich zum Dösen oft in der Nähe der Wasserstelle auf und versperren den rangniedrigen Kollegen für lange Zeit den Zugang. Gerne werden natürliche Wasserquellen genutzt, die allerdings mit Vorsicht zu genießen sind. Die Entnahme einer Wasserprobe ist zwingend notwendig, da man in vielen Fällen nicht überprüfen kann, wer was wann und wo in den in Frage kommenden Bachlauf, den Teich oder See eingeleitet hat. Fließende Gewässer mit hohem

Sauerstoffgehalt sind bevorzugte Brutplätze der Kriebelmücke, während die Stechmücke stehende Gewässer bevorzugt. Bei Weiden mit natürlichen Wasserquellen ist folglich mit einer erhöhten Belastung durch Insekten zu rechnen. Es empfiehlt sich in jedem Fall, den Pferden den Zugang zum Ufer weitgehend zu verwehren und lediglich einen begrenzten, möglichst befestigten Bereich zugänglich zu machen, will man vermeiden, daß der gesamte Uferbereich zertrampelt wird.

Am bequemsten für den Halter sind Standweiden, bei denen die Pferde ungehinderten Zugang zum gesamten Weideland haben. Diese Form des Weidemanagement bringt es mit sich, daß große Mengen wertvollen Aufwuchses zertrampelt werden, aufgrund der großen Fläche kein Absammeln der Äppel erfolgt und der Halter wenig Möglichkeiten hat, die Futteraufnahme seiner Pferde sinnvoll zu begrenzen. Besser ist die Unterteilung des gesamten Weidelandes in mehrere (am besten sieben) Parzellen, die wechselweise beweidet werden (Umtriebs- oder Rotationsweide). So hat die Grasnarbe Zeit, sich zu erholen, die Koppel wird sorgfältiger abgegrast und weniger zertrampelt und der Vermehrungszyklus der Parasiten unterbrochen. Eine weitere Möglichkeit ist die Portionsweide, bei der ein täglich weiter gesteckter Wanderzaun es erlaubt, die Futtermenge zu begrenzen und das Weideland maximal auszunutzen.

Wo möglich, sollte man zwischen Stall und Weideland einen Treibgang anlegen, auch wenn dafür ein Stück Weide geopfert werden muß. Ein zentraler Treibgang vereinfacht die tägliche Arbeit ungemein, da das umständliche und möglicherweise auch mit

Gefahren behaftete Hinausführen der Pferde entfällt. Der Treibgang öffnet sich auf die jeweils zugänglich gemachte Koppel, wobei das Weidetor gleichzeitig den Gang absperrt.

Nicht nur aus hygienischen Gründen empfiehlt sich das tägliche Absammeln der Koppeln. Eine ständige Reinfektion mit Darmparasiten kann nur gemindert werden, wenn der Kot so schnell wie möglich beseitigt wird. So wird auch verhindert, daß die Pferde ständig wachsende Kotplätze anlegen, die bei der Futteraufnahme gemieden werden und die Nutzung der Weide beeinträchtigen. Am einfachsten geschieht das tägliche Absammeln mit einem Eimer und Gummihandschuhen, da Gabeln und Rechen bei dichtem Grasbewuchs kaum eingesetzt werden

Bei sachgerechter Düngung bleibt der Artenreichtum einer Weide über lange Zeit erhalten.

können. Ist das Absammeln aus organisatorischen Gründen nicht möglich, muß die Weide zumindest regelmäßig abgeschleppt werden. Dazu reicht ein mit Autoreifen beschwerter Bettrost, der im Zickzack über die Weide gezogen wird und nebenbei auch die Maulwurfshügel verteilt.

Im Herbst sorgt ein Reinigungsschnitt dafür, daß der Pflanzenbestand auf eine gleichmäßige Höhe gekürzt wird und alle Pflanzen so die gleichen Bedingungen für das Überwintern und Austreiben im nächsten Frühjahr haben. Läßt man die vom Pferd verschmähten, ungeliebten Pflanzen stehen, sind diese im Vorteil und werden sich im Laufe der Zeit immer mehr ausbreiten. Das beim Reinigungsschnitt anfallende Schnittgut kann teilweise verfüttert oder zum Abdecken von Komposthaufen genutzt werden. Im Frühjahr wird die Weide abgeschleppt, um Maulwurfshügel zu verteilen und oberflächlich wurzelnde Platzräuber und Moose zumindest teilweise zu entfernen. Dazu benützt man eine umgedrehte Egge oder einen beschwerten Bettrost. Danach kann der ein Jahr gelagerte kompostierte Pferdemist oder eine andere Form von Düngung aufgebracht werden. Moorige oder feuchte Weiden werden zusätzlich mit einer Walze befahren, um Frostaufbrüche zu planieren.

Überdüngung ist ebenso zu vermeiden wie zu geringe oder einseitige, nicht auf den Bedarf abgestimmte Düngergaben. Eine Überdüngung belastet das Grundwasser und verursacht einen einseitigen Pflanzenbestand, während zu geringe Düngergaben den Boden auslaugen, so daß der Aufwuchs mengenmäßig immer geringer wird. Vor der Düngung steht deswegen die Bodenprobe, die alle zwei bis vier Jahre wiederholt werden sollte. Zusätzlich zu den Untersuchungsergebnissen geben die Institute (LUFA) gleichzeitig eine Düngeempfehlung. In vielen Pferdebeständen wird ausschließlich kompostierter Pferdemist ausgebracht. Diese Form der Düngung reicht jedoch langfristig nicht aus, sie muß fallweise ergänzt werden. Allgemein gilt, daß zur Grunddüngung ein aus mehreren Komponenten bestehender Mischdünger zu empfehlen ist, während starke Defizite an bestimmten Stoffen gezielt durch Einzeldünger zu beheben sind. Ausschlaggebend sind jedoch immer die Ergebnisse einer Bodenprobe. Bestimmte Dünger sind geeignet, das Bodenleben anzuregen (Hornmehle, Seealgen) oder den Mineralien-/Spurenelementgehalt zu verbessern (Urgesteinsmehl). Düngt man im Frühjahr, darf der Aufwuchs höchstens handbreit stehen, damit er nicht zertrampelt wird. Nach der Düngung muß eine Frist von mindestens vierzehn Tagen abgewartet werden, bevor die Pferde ausgetrieben werden dürfen.

Mit dem Weideaustrieb muß solange gewartet werden, bis die Weiden abgetrocknet sind und der Aufwuchs ausreichend hoch ist. Bekanntlich darf der Auftrieb nicht plötzlich und übergangslos erfolgen, sondern muß allmählich über einen Zeitraum von ein bis zwei Wochen vorbereitet werden. Ähnliche Fristen sind bei der Umstellung auf die Winterfütterung einzuhalten. Die Weidesaison ist spätestens dann zu beenden, wenn der Pflanzenbestand gleichmäßig abgeweidet und der Boden naß ist. Eine lückenlos erhaltene Grasnarbe gewährleistet einen raschen und dichten Aufwuchs im Frühjahr.

Futtermittel	Eiweiß (g/kg)	Energie (MJ/kg)	Rohfaser (g/kg)
Weide, 1. Aufwuchs	28	1,99	54
Weide, 2. Aufwuchs	30	2,3	62

Wo keine natürlichen Schattenspender vorhanden sind, muß durch die Aufstellung von Weidehütten oder entsprechende Bepflanzung dafür gesorgt werden, daß die Pferde während der Mittagshitze oder bei extremen Witterungsverhältnissen Schutz finden. Dazu eignen sich Weidehütten, Baumgruppen oder nach der Wetterseite ausgerichtete dichte Hecken. Bäume und Sträucher sind durch Maschendrahtmäntel vor Verbiß zu schützen, abzuzäunen oder außerhalb der Umzäunung anzupflanzen. Eine Ausnahme stellen Holundersträucher dar, sie werden von den Pferden verschmäht, weder Blätter noch Rinde werden angefressen. Ihr unangenehmer Geruch vertreibt Stechinsekten, so daß Holunderhecken während deren Flugzeit gerne von den Pferden aufgesucht werden. Pflanzt man Bäume als Wetterschutz an, dürfen nur ungiftige Pflanzen gewählt werden. Stehen sie dicht, bieten sie optimalen Schutz vor Sonne und Regen, allerdings wächst darunter dann kein Gras. Pflanzt man sie in größeren Abständen, sollte zusätzlich eine Hecke angelegt werden. Obstbäume können problematisch werden, wenn die Pferde im Herbst größere Mengen unreifen oder faulenden Obstes aufnehmen oder überreifes Obst Wespen und Hornissen anzieht. Vorsicht bei Brombeerdickichten! Am Zaun gepflanzt, legen sie mit der Zeit durch ihre zahlreichen Ausläufer die stabilste Einzäunung um.

Gewässer können durch eine Bepflanzung mit Schwarzerlen vor Erosion und Trittschäden geschützt werden. Eine sinnvolle Nutzung des vorhandenen Baumbestandes oder die Neupflanzung einheimischer Gehölze wie Schlehen, Weißdorn, Weiden oder Pappeln ist auch aus Naturschutzgründen vorteilhaft, bieten sie doch Lebensräume und Nahrung für Insekten und Kleintiere.

KRAFT AUS DER KRIPPE

EINZEL- UND MISCHFUTTERMITTEL ALS ERGÄNZUNG DER RAUHFUTTERRATION

Praktisch und preiswert: Pelletfutter

Das Pferd lebt nicht von Heu allein ... Nicht als Grundlage, sondern als Ergänzung der Rauhfutterration benötigen viele, aber längst nicht alle Pferde eine mehr oder weniger große Menge an Kraftfutter. Hinzu kommen fallweise weitere Futtermittel, die Mineralstoffe, Vitamine und Spurenelemente in höheren Dosen in die Gesamtration einbringen. Auch Saftfutter wird gerne zusätzlich gereicht, vor allem um im Winter mehr Abwechslung in die ansonsten brottrockene Ration zu bringen. Aber eines nach dem anderen.

Kraftfutter bringen, verglichen mit Rauhfuttern, Nährstoffe in höherer Konzentration und besserer Verdaulichkeit in die Ration ein, sie sind reich an Eiweiß, Fett und/oder leicht verdaulichen Kohlenhydraten - also an Energie - , aber arm an Rohfaser. Die hohe Konzentration und gute Verfügbarkeit von Eiweiß und/oder Energie ist charakteristisch für alle Kraftfutter und gleichzeitig auch der Faktor, der die Einsatzfähigkeit derartiger Futtermittel begrenzt. Weder mag der Stoffwechsel des Pferdes mit großen Mengen schwer abbaubarer Eiweiße überflutet werden noch freuen sich die Gliedmaßen, wenn sie außer

dem Reitergewicht weitere fünfzig bis hundert Kilo Fett herumtragen dürfen. Ganz zu schweigen vom Verdauungssystem, das auf größere Mengen hoch konzentrierter, rohfaserarmer Nahrung übellaunig reagiert. Augenmaß, nicht Großzügigkeit, ist bei der Zuteilung aller Kraftfutter gefragt, ob Einzelfutter unvermischt vom Feld oder Mischfutter aus dem Futtersack.

Bei der Gestaltung der Kraftfutterration steht der Pferdehalter vor der grundsätzlichen Entscheidung, entweder ein Mischfutter zu verwenden, das alle benötigten Nährstoffe in ausreichender Quantität, Qualität und im richtigen Mischungsverhältnis enthält, oder aber aus Einzelfuttermitteln eine passende Mischung selbst herzustellen.

MISCHFUTTERMITTEL

Mischfutter sind leicht verfügbar, gut zu bevorraten, einfach zu verfüttern, von gleichbleibender und damit einschätzbarer Zusammensetzung und

Müslifutter kommen hinsichtlich ihrer Struktur den Bedürfnissen unserer Pferde entgegen.

Ärger der sortierenden Gourmets unter den Pferden - , meist preiswert, wenig voluminös und so gut wie staubfrei, haben sie dennoch einen nicht zu unterschätzenden Nachteil. Gekaut und eingespeichelt, zerfallen sie in einen Brei aus klein gemahlenen Krümeln. Daß die Natur derlei im Verdauungstrakt eines Pferdes nicht gerne sieht, ist bekannt.

In einem Müslifutter dagegen bleibt die physikalische Struktur der einzelnen Bestandteile voll oder weitgehend erhalten. Oft werden die Getreidekomponenten zudem aufgeschlossen, also einem Verfahren unterzogen, welches ihre Verdaulichkeit erhöht: Gepufft, mikronisiert oder dampfgeflockt, verbessert sich der Futterwert, ohne daß die physikalische Struktur komplett zerstört wird. Aufgrund der gröberen Struktur werden Müslifutter sorgfältiger gekaut und eingespeichelt, was sich ebenfalls positiv auf die Verdauung auswirkt.

Bei der Beurteilung eines Mischfuttermittels hilft die Deklaration oft nur bedingt weiter. Entspricht sie lediglich den gesetzlichen Bestimmungen, so suchen Sie vergeblich nach Angaben zum Energiegehalt. Auch die genaue Zusammensetzung bleibt oft im Dunkeln, weil die Bestandteile lediglich in der Reihenfolge ihrer Gewichtung angegeben sind, nicht aber die jeweilige Menge genau aufgeführt wird. Manche Hersteller gehen allerdings in ihren Informationen über die gesetzliche Pflicht hinaus und legen sowohl die Zusammensetzung ihrer Produkte als auch den Energiegehalt detailliert offen. Es liegt also an Ihnen, am Verbraucher, inwieweit Sie bei der Auswahl eines Mischfutters auch die Ausführlichkeit der Information zum Kri-

meist ausreichend mit Mineralstoffen, Vitaminen und Spurenelementen versetzt, was die Fütterung weiterer Zusatzfuttermittel überflüssig macht. Anhand der Deklaration läßt sich auch von Laien jedes Mischfutter beurteilen, viele Firmen verfügen außerdem über eine ausgezeichnete Kundenberatung, die bei Fragen oder Problemen gerne weiterhilft. Nachteilig wirkt sich insbesondere bei größeren Pferdebeständen der höhere Preis aus. Halter mehrerer Pferde stehen außerdem vor dem Problem, aufgrund der unterschiedlichen Belastung, Größe, Futterverwertung oder anderer Faktoren ihrer Tiere meist mehr als ein Mischfutter bevorraten zu müssen, da die verschiedenen Bedürfnisse sich nicht mit einem einzigen Produkt abdecken lassen.

Bei der Produktion von Mischfuttern können zwei ganz unterschiedliche Wege beschritten werden: Für manche Futter werden zunächst alle Bestandteile klein vermahlen, dann mit einem Bindemittel versetzt und anschließend gepreßt: Es entsteht ein Pelletfutter. Praktisch, nicht entmischbar - zum terium machen. Fehlen Angaben zum Energiegehalt, kann Ihnen folgende Schätzformel weiterhelfen:

Verdauliche Energie in MJ/kg = 11,1 + 0,0038 RP + 0,0184 Rfa − 0,0002 (Rfa x Rfa)

Der Energiegehalt läßt sich aus einer festen Größe, dem Rohproteingehalt und dem Rohfasergehalt näherungsweise berechnen. Besser als nichts.

In fast allen Fällen kann die Verwendung eines Futters mit engem Eiweiß/Energiegehalt empfohlen werden (soll heißen, daß der Gehalt an Rohprotein in Prozent möglichst nahe am Energiegehalt in MJ liegt; 12 Prozent Rohprotein und 11 MJ verdauliche Energie sind besser als 12 Prozent Rohprotein und 7 MJ verdauliche Energie). Zuchttiere und wachsende Pferde benötigen spezielle Futtermittel, handelsübliche Mischfutter für Reitpferde können ihren Bedarf nicht decken.

EINZELFUTTERMITTEL

Harte Schale, weicher Kern: Getreide
Getreide und die sogenannten Mühlennachprodukte sind typische Kraftfutter und meist die Hauptkomponenten in Mischfuttermitteln. Reich an Stärke, arm an Rohfaser und mit mittlerem Proteingehalt bringen sie Energie und Eiweiß in die Ration. Getreide enthalten eher geringe Mengen an Mineralstoffen und fettlöslichen Vitaminen, nachteilig ist zudem das ungünstige Verhältnis zwischen den beiden wichtigsten Mineralstoffen Calcium und Phosphor: Getreide sind arm an Calci-

um und reich an Phosphor, während der Organismus des Pferdes eigentlich nach dem Gegenteil verlangt.

In unseren Breiten wird Hafer nach wie vor gerne eingesetzt, doch sind andere Getreide auf dem Vormarsch. Bekanntlich „sticht" der Hafer und immer da, wo keine explosionsartige Leistung, sondern stetige Arbeit bei ruhiger Zuverlässigkeit gefragt ist - also bei der Mehrzahl aller Pferde - zieht der Pferdehalter heute Mais, Gerste oder Gemische mit geringem Haferanteil vor. Wird Hafer als alleiniges Kraftfutter zu Heu gereicht, muß ein gutes Mineral- und Vitamingemisch zugefüttert werden. Oft entstehen bei Heu-/Haferfütterung im Energiebereich Defizite bei gleichzeitiger Überversorgung mit Eiweißen. Empfehlenswerter als reiner Hafer ist deswegen die Gabe eines Mischfutters mit passendem Energiegehalt oder die Ergänzung mit einem energiereichen Futtermittel, etwa Rübenschnitzeln.

Gerste und Mais bringen im Vergleich zum Hafer mehr Energie und weniger Eiweiß in die Ration ein,

Hafer ist nach wie vor das Kraftfutter Nr.1.

Futtermittel	Eiweiß (g/kg)	Energie (MJ/kg)	Rohfaser (g/kg)
Hafer	87	11,5	102
Gerste	83	13	47
Mais	68	13,9	24

schneiden aber bezüglich der Verdaulichkeit ihrer Kohlenhydrate deutlich schlechter ab. Vor allem dann, wenn sie als ganzes Korn gereicht werden, vermag der Pferdeorganismus die vergleichsweise hohen Energiegehalte nicht zu nutzen, so daß größere Mengen Stärke in den Dickdarm gelangen, wo sie eigentlich nicht hingehören und für Probleme sorgen können. Werden diese Getreide fein geschrotet oder gepoppt (rasche Erhitzung ohne Wasserzusatz), wird die Stärke dagegen sehr gut verwertet.

Weizen und Roggen sind gänzlich ungeeignet, da die enthaltenen Kleberproteine zu Verdauungsproblemen führen.

Für Getreide und andere Kraftfutter gilt es, unabhängig vom individuellen Bedarf des Pferdes, bestimmte Höchstmengen zu beachten, will man Verdauungsproblemen vorbeugen. Dies hängt mit der bereits erwähnten Zwangslage des Verdauungssystems zusammen, einerseits nicht auf die Verarbeitung konzentrierter Körnerfutter eingerichtet zu sein, andererseits genau diese angeboten zu bekommen, da auf anderem Weg der aufgrund der Arbeitsbelastung des Pferdes gestiegene Nährstoffbedarf nicht an den Mann beziehungsweise ins Pferd zu bringen ist. Also:

- Ein Kilo Hafer entspricht 0,9 Kilogramm Gerste oder 0,8 Kilogramm Mais.
- Pro Mahlzeit erhält ein Pferd höchstens 0,5 Kilogramm je 100 Kilogramm Lebendmasse an Kraftfutter.
- Achten Sie auf das richtige Verhältnis von Rauhfutter zu Kraftfutter. Bezogen auf die Tagesration sollten Sie sich in einem Rahmen von ungefähr 1 : 0,5 bis 1 : 1 bewegen.
- Reichen Sie pro 100 Kilogramm Körpergewicht bei leichter Arbeit bis zu 0,5 Kilogramm Kraftfutter und 1 bis 1,5 Kilogramm Rauhfutter, bei mittlerer Arbeit jeweils 1 Kilogramm.

Gerste oder Mais (hier Maisflocken) sollten in aufgeschlossener Form verabreicht werden.

EIN-MAHL-EINS

Neben Getreidekörnern werden auch die sogenannten „Mühlennachprodukte" häufig verwendet. Beim Mahlprozeß

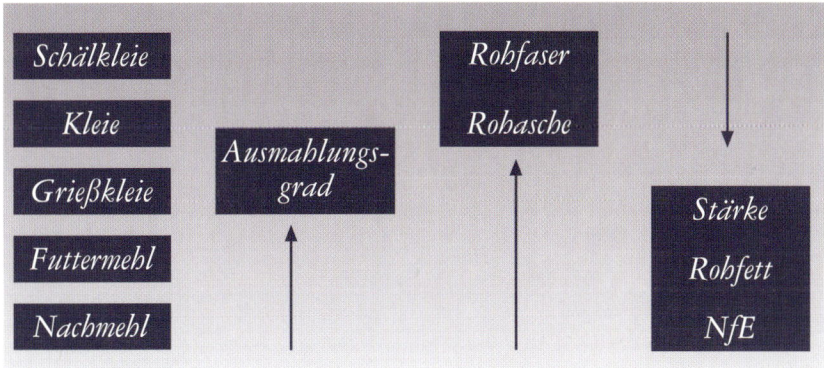

Schälkleie		
Kleie		Rohfaser
Grießkleie	Ausmahlungs-grad	Rohasche
Futtermehl		Stärke
Nachmehl		Rohfett
		NfE

wird der stärkehaltige Mehlkörper vom Rest des Getreidekorns getrennt und je nach Ausmahlungsgrad (der Ausmahlungsgrad ist ein Maß dafür, wie sauber die Stärke herausgemahlen wurde) fallen dabei verschiedene Nachprodukte an. Je höher der Ausmahlungsgrad, desto mehr Rohfaser und desto weniger Energie enthält das Futtermittel.

Einzig die Kleie begegnet uns häufig als Einzelfuttermittel, alle anderen Produkte werden meist bei der Herstellung von Mischfuttermitteln verwendet. Kleie wirkt leicht abführend und wird deshalb gerne als Grundlage von Mash verwendet. Leider enthält sie viel Phosphor und wenig Calcium, entspricht also in der mineralischen Zusammensetzung nicht den Bedürfnissen von Pferden. Soll oder muß ein Pferd langfristig Mashfutter erhalten, etwa nach Kolikoperationen, sollten Sie deswegen auf handelsübliche Fertigmashfutter zurückgreifen, die in ihrer

Futtermittel	Eiweiß (g/kg)	Energie (MJ/kg)	Rohfaser (g/kg)
Weizenkleie	112	9,7	111

Kleie wird gerne zur Herstellung eines Mash verwendet.

Zusammensetzung ausgeglichen sind. Werden Mühlennachprodukte in Mischfuttern verwendet, so ist den gehaltvolleren der Vorzug zu geben. Rohfaserhaltige Schälkleien werden als billige, voluminöse Produkte gerne eingemischt; von Seiten der Hersteller wird damit argumentiert, daß dies den Wert des Futters steigere, da sich der Rohfasergehalt erhöhe. Augenwischerei, denn denselben Effekt erreichen Sie mit einer Handvoll Heu billiger und pferdegerechter.

NAHRUNG FÜR DEN SÜSSEN ZAHN

Nicht nur lecker, sondern ausgesprochen wertvoll sind die Nebenprodukte aus der Zuckergewinnung: Naßschnitzel, Preßschnitzel und Co. bringen Energie, Rohfaser und Calcium in die Ration ein und eignen sich besonders zur Ergänzung stark getreidehaltiger Rationen, da sie ausgesprochen eiweißarm sind. Den Zuckerrüben wird in einem Diffuseur der zuckerhaltige Saft entzogen, übrig bleiben Naßschnitzel. Feucht und zuckerhaltig, sind sie nicht lange lagerfähig, weshalb sie meist nicht im frischen Zustand eingesetzt, sondern getrocknet und weiter verarbeitet werden.

Trockenschnitzel sind mit unterschiedlichem Zuckergehalt erhältlich.

Einfach zu lagern und ausgesprochen preiswert, werden sie gerne eingesetzt. Sie eignen sich für Freizeitpferde mit geringer bis mittlerer Arbeitsleistung und zur energetischen Aufwertung von Getreiderationen. Bei der Zubereitung müssen gewisse Besonderheiten beachtet werden. Alle Rübenschnitzelprodukte müssen vor dem Füttern ungefähr zwölf Stunden in Wasser eingeweicht werden. Es ist soviel Wasser zuzugeben, wie aufgenommen werden kann, da die Schnitzel auf ein Mehrfaches ihres Ursprungsvolumens aufquellen und dieser Quellvorgang vor der Verfütterung abgeschlossen sein muß. Bei sehr heißem Wetter sind die Schnitzel währenddem in einem kühlen Raum (Keller) aufzubewahren, da sie sonst in Gärung übergehen, bei großer Kälte müssen sie warm gehalten werden, damit sie nicht gefrieren. Reste im Eimer oder in der Krippe müssen täglich sorgfältig entfernt werden, da auch sie gären können. Achten Sie darauf, daß Verwechslungen mit normalen Pellets ausgeschlossen sind!

VIEL SAFT, WENIG KRAFT

Vor allem während der kalten, sonnenarmen Monate greift der Pferdehalter gerne zu Saftfutter, um die frischfutterkarge Zeit aufzuwerten. Die Pferde freuen sich über die saftigen, schmack-

Futtermittel	Eiweiß (g/kg)	Energie (MJ/kg)	Rohfaser (g/kg)
Zuckerrüben	10	3,41	13
Naßschnitzel	6	1,37	29
Trockenschnitzel	59	13,42	181
Melass. Trockenschn.	49	11,1	141

Saftfutter bringen vor allem im Winter Abwechslung in die Ration.

haften Beigaben, der Organismus nimmt die Zusatzration dankbar entgegen und so ganz nebenbei entlasten die oft recht preisgünstigen Futtermittel auch den Geldbeutel des Pferdebesitzers. Wurzeln und Knollen haben aufgrund ihrer eher aufwendigen Lagerung und Reinigung trotzdem eine vergleichsweise geringe Bedeutung in der Pferdefütterung. Alle enthalten, bei hohem Wassergehalt, wenig Rohfaser, Eiweiß, Calcium und fettlösliche Vitamine (außer Möhren), aber viele Kohlenhydrate und B-Vitamine.

Vorteile:

- oft hohe Schmackhaftigkeit durch günstigen Zuckergehalt
- sehr gute Verdaulichkeit durch geringe Rohfasergehalte
- weites Eiweiß-Kohlenhydratverhältnis ist geeignet, die Nachteile der üblichen Getreidefütterung (Eiweißüberschuß) aufzufangen
- als hochverdauliche Energielieferanten einsetzbar

Nachteile:

- häufig hoher Verschmutzungsgrad, aufwendige Reinigung notwendig
- teilweise schädliche Inhaltsstoffe
- im ganzen eher arm an wichtigen Mineralstoffen und Vitaminen
- geringe Haltbarkeit aufgrund des hohen Wassergehaltes, verträgt weder Kälte noch Hitze
- aufwendige Lagerung durch hohes Volumen und Frostempfindlichkeit

Nummer eins im Saftfutter-Speiseplan ist die *Möhre*, eine Rübe mit hohem Zucker- und Carotingehalt. Allerdings sollte man sich von der gesunden, gelben bis roten Farbe nicht allzu sehr beeindrucken lassen, denn außer dem vor allem für Zuchttiere wichtigen Carotin hat sie weiter nichts in Sachen Vitamine zu bieten, so daß auch die tägliche Fütterung von bis zu 20 Kilogramm Möhren (500 Kilogramm schweres Pferd) den Pferdehalter nicht von der Pflicht entbindet, im

Winter ein Vitamin-Mineralgemisch zuzufüttern. Vielfach hält sich das Gerücht, Mohrrüben seien als eine Art biologischer Entwurmung einzusetzen; das ist allerdings mit Vorsicht zu genießen. Zwar sind die in der Mohrrübe enthaltenen ätherischen Öle geeignet, einzelnen Spulwürmern das parasitäre Leben ein bißchen schwerer zu machen, die ungleich gefährlicheren Strongyliden lassen sich davon aber wenig beeindrucken. Mohrrüben anstatt einer Wurmkur einzusetzen ist also gefährlicher Unfug. Seit einigen Jahren sind Mohrrübenschnitzel, ähnlich den bekannten Zuckerrübenschnitzeln, erhältlich, die dem Pferdehalter eine Möglichkeit an die Hand geben, unabhängig von der Verfügbarkeit frischer Rüben und ohne große Lagerfläche ganzjährig Mohrrüben füttern zu können.

Vor allem als Leckerli reicht der Pferdehalter gerne *Äpfel*, die von den Pferden dankbar entgegengenommen werden. Allerdings wird im Zusammenhang mit Äpfeln immer wieder von Koliken berichtet, was den Schluß zuläßt, daß nicht alle Pferde größere Mengen gut vertragen. Zwar schmecken Äpfel wegen des hohen Zuckergehaltes gut, aber der Wassergehalt von ungefähr 85 Prozent macht sie sehr anfällig für Verderb. Ein geringer Mineralstoffgehalt und vernachlässigbare Vitaminmengen lassen uns den Entschluß leicht fallen, auf den Einsatz größerer Mengen an Äpfeln zu verzichten, ein paar Früchte täglich allerdings können bedenkenlos gefüttert werden.

Von *Birnen* sollte man besser die Finger lassen, denn sie neigen mehr als Äpfel dazu, Koliken zu verursachen. Gegen ein oder zwei Birnen täglich ist allerdings nichts einzuwenden.

Ab und zu tauchen in Mischfuttermitteln sogenannte *Obsttrester* auf, eiweißarme und rohfaserreiche Rückstände aus der Obstverarbeitung, die als Geschmacksträger eingesetzt werden.

Als Geheimtip unter zwei- wie vierbeinigen Sportlern gilt die *Banane*, die sich als Magnesiumlieferant vor allem für den Einsatz bei übernervösen Pferden empfiehlt. Da sie allerdings bislang kaum als echtes Futtermittel, also in signifikanten Mengen, eingesetzt wurde, liegen keinerlei aussagekräftige Verdaulichkeits- oder Verträglichkeitsstudien vor. Ein paar Bananen täglich - es dürfen ruhig die bereits unansehnlich bräunlichen sein - liefern neben Magnesium weitere wertvolle Inhaltsstoffe.

Außer der Zuckerrübe kommen unter den Rüben rein theoretisch die *Futter-, Futterzucker- und Massenrüben* als Pferdefuttermittel in Frage, während *Steck- und Wasserrüben* durch ihren hohen Gehalt an Senfölen zum einen schlecht schmecken und zum andern für Fohlen und Stuten sowieso gänzlich ungeeignet sind. Die Beschaffung von Futter- und Futterzuckerrüben in signifikanten Mengen gelingt sicher

Nicht nur Affen lieben Bananen, auch Pferde wissen die wertvollen Früchte zu schätzen.

Futtermittel	Eiweiß (g/kg)	Energie (MJ/kg)	Rohfaser (g/kg)
Mohrrüben	10	1,9	12
Massenrüben	7	1,5	9
Kartoffeln	10	3	6
Apfeltrester	33	8,4	277

nur in ländlichen Anbaugebieten. Massenrüben spielen keine Rolle in der praktischen Pferdefütterung.

In Sachen gesundem Aussehen läuft die *Rote Bete* der Mohrrübe beinahe den Rang ab, das rotbackige Äußere täuscht allerdings eine wertvolle Zusammensetzung nur vor. Weder Carotin noch andere Vitamine oder Mineralien kann die Rote Bete in den Fütterungsplan einbringen und der hohe Wassergehalt macht auch ihre Lagerung zu einem Problemfall.

Und da wären noch ... *Kartoffeln*, die Sie den lieben Vierbeinern roh nur in geringen Mengen oder aber säuberlich gekocht vorsetzen dürfen - und wer macht sich schon die Mühe? Und die *Topinambur-Knollen*, die von manchem Pferdehalter selbst angepflanzt werden: Sie liefern einen umweltverträglichen Wind- und Sonnenschutz im Sommer und später eine Vitamin C-haltige und schmackhafte Futterergänzung im Winter und sind damit ein echter Geheimtip!

UND AUSSERDEM ...

Die bei der Bierherstellung anfallenden *Malzkeime* werden nur wenig eingesetzt, da das im Keim enthaltene Hordenin dopingrelevant ist und Keime hinsichtlich Haltbarkeit und Lagerung ausgesprochen problematisch sind. Besonders während des Fellwechsels füttern viele Pferdehalter gerne *Leinsamen*, der nicht nur zu einem (fett)glänzenden Fell verhilft, sondern auch eine wohltuende Wirkung auf den gesamten Verdauungstrakt ausübt. Die üblichen Leinsamensorten dürfen nur in Mengen bis zu 100 Gramm (pro Großpferd) täglich verfüttert werden, größere Mengen müssen unbedingt zehn Minuten aufgekocht werden, um die Schadstoffe (blausäurehaltige Glycoside) unschädlich zu machen. Diesen reichlich klebrigen Prozeß umgeht man, wenn man sich für schadstoffreduzierten Leinsamen entscheidet, der allerdings nicht ganz billig ist.

Besonders bei Pferden, die zu trockener, schuppiger Haut und zu ekzematösen Hautveränderungen neigen, können *Öle* erfolgreich eingesetzt werden. Während des Fellwechsels, unter Umständen auch kurweise mehrmals im Jahr, werden täglich bis zu 200 Milliliter eines hochwertigen, kaltgepreßten Speiseöls dem Futter beigegeben. Um Durchfälle zu vermeiden, sollte man mit einer kleineren Menge beginnen und im Laufe von ein bis zwei Wochen die tägliche Gabe auf das gewünschte Maß steigern. Schon nach drei Wochen sieht man deutliche Erfolge. Die Futtermittelindustrie hält inzwischen eine Reihe von Ölpräparaten bereit, die speziell auf die Bedürfnisse der Pferde ausgerichtet sind. Bei Verwendung eines solchen Produktes sind natürlich die vom Hersteller jeweils empfohlenen Mengen zu verfüttern. So ganz nebenbei hat die

Im Herbst kann der Fellwechsel durch geeignete Futtermittel unterstützt werden.

Fütterung von Öl auch den positiven Effekt einer zusätzlichen Energiezufuhr, was den häufig mit Eiweißen über- und Energie unterversorgten Pferden zugute kommt.

Bierhefepräparate enthalten hochwertige, gut verdauliche Eiweiße und liefern B-Vitamine. Beim Einsatz von Bierhefe in Reinform oder in Form von Zusatzfuttermitteln („Bioflocke") sind die vom Hersteller empfohlenen Tageshöchstmengen zu beachten, um nicht unabsichtlich eine Eiweißüberfütterung hervorzurufen. Vor allem während des Herbstfellwechsels kann den Haltern von Offenstallpferden der kurmäßige Einsatz von Bierhefepräparaten wärmstens empfohlen werden. Wer ein übriges tun will, um eine gesunde Darmflora heranzuzüchten und die

Rohfaserverdauung zu sichern, kann *Lebendhefekulturen* oder *Joghurt* mit Lebendkulturen verfüttern. Lebendhefe wird in Form von Pellets oder Pulver mit der normalen Krippenration verabreicht und unterstützt den Aufschluß des Rauhfutters.

Viele Pferdehalter setzen bei schwerfuttrigen oder mit chronischem Durchfall behafteten Pferden erfolgreich Bio-Joghurt ein, den sie in Mengen von bis zu 500 Gramm täglich über längere Zeit füttern.

Eine gesunde Darmflora sichert die optimale Ausnutzung des verabreichten Futters und gewährleistet so, daß auch die recht teuren Zusatzfuttermittel ihren Zweck erfüllen können.

Futtermittel	Eiweiß (g/kg)	Energie (MJ/kg)	Rohfaser (g/kg)
Malzkeime	222	11,3	145
Leinsamen	168	14,2	77
Pflanzenöl	-	38	-
Bierhefe	413	14	18

NICHT ZUVIEL UND NICHT ZUWENIG

VITAMINE, MINERALSTOFFE UND SPURENELEMENTE

Erinnern Sie sich noch schwach an die unterschiedlichen Betrachtungsweisen bei der Einteilung der Futterinhaltsstoffe? Da war die Rede von Baustoffen, Betriebsstoffen und Wirkstoffen und deren Aufgaben im Organismus. Während Spurenelemente und Vitamine zusammen in die Gruppe der Wirkstoffe gehören, sind die Mineralien den Baustoffen zuzurechnen, denn sie sind hauptsächlich am Aufbau von Körpersubstanzen beteiligt. Trotzdem sollen alle drei Stoffgruppen hier zusammen betrachtet werden, denn bei allen Unterschieden teilen sie eine wichtige Gemeinsamkeit: Sie werden nur in relativ geringen Dosierungen benötigt. Während die Menge an Eiweißen, Fetten oder Kohlenhydraten in einer Tagesration mehrere hundert Gramm beträgt, enthält dieselbe Ration nur wenige Gramm oder Milligramm an Vitaminen, Spurenelementen oder Mineralien. Kleine, aber keinesfalls zu vernachlässigende Mengen, denn alle Pferde sind auf eine präzise und regelmäßige Zufuhr dieser Stoffe angewie-

Rund und gesund, vielleicht dank Lebendhefe und Joghurt.

sen. Präzise bedeutet, wie die Überschrift dieses Kapitel es bereits andeutet, nicht zuviel und nicht zuwenig und keinesfalls eine Zufütterung nach dem Motto „Viel hilft viel". Sowohl eine Unterversorgung als auch eine Überdosierung von Mineralstoffen, Spurenelementen und Vitaminen kann verheerende Folgen für den Organismus haben, so daß vor jeder Zufütterung eine Bedarfsanalyse stehen muß.

ZWEI GESETZE

In diesem Zusammenhang spielt das „Gesetz vom Minimum" eine wichtige Rolle. Es besagt, daß ein im relativen Minimum stehender essentieller Stoff die Wirkung aller anderen begrenzt. Praktisch bedeutet dies, daß eine bezüglich nur eines notwendigen Stoffes defiziente Ration insgesamt in ihrem Nutzen für den Organismus eingeschränkt ist. Selbst wenn alle anderen Stoffe in ausreichender Menge gefüttert werden, ist deren Verwertbarkeit gehemmt. Dabei spielt es überhaupt keine Rolle, ob der im Minimum stehende Stoff in Mengen von lediglich wenigen Milligramm oder von mehreren hundert Gramm benötigt wird. Den in unzureichenden Mengen verabreichten Stoff bezeichnet man auch als den „limitierenden Faktor" der Ration, da er alle anderen Faktoren in ihrer Wirkung begrenzt. Gelingt es, diesen Fehlbetrag auszugleichen, ist eine Ertragssteigerung die Folge, die ganze Ration kann nun optimal genutzt werden: So lautet das „Gesetz vom Ertrag". Kleine Ursache, große Wirkung! Nun möchten Sie aber Pferde füttern und nicht Jura studieren, also zurück zu Vitaminen und Co.

Pelletierte Mineralfutter lassen sich leicht in das Krippenfutter einmischen.

VITAMINE

Vitamine sind organische Wirkstoffe mit jeweils ganz spezifischen Funktionen im Organismus. Pferde und Menschen haben bezüglich dieser Wirkstoffe völlig unterschiedliche Bedürfnisse. Man unterscheidet grundsätzlich zwischen wasserlöslichen und fettlöslichen Vitaminen sowie zwischen solchen, die der Pferdeorganismus selbst herstellt, und anderen, die immer oder teilweise über das Futter zugeführt werden müssen. Manche Vitamine können sehr gut im Körper gespeichert und bevorratet werden, bei anderen ist dies nicht möglich und sie müssen deswegen täglich zugeführt oder selbst produziert werden. Generell kann man zwar von festen Bedarfszahlen ausgehen, im Einzelfall aber wird der Tagesbedarf mit dem Alter, bestimmten Krankheiten oder besonderen Belastungen des Tieres schwanken. Hier also das Vitamin-ABC á la Pferd. Das fettlösliche *Vitamin A* - auch als Carotin bekannt -

wird auch Epithelschutzvitamin genannt, weil seine wichtigste Funktion im Schutz der äußeren Haut und der Schleimhäute von Atmungs-, Verdauungs- und Geschlechtsapparat liegt. Ein Mangel führt zur Schädigung dieser Schutzfunktion und damit zu einer erhöhten Anfälligkeit für Infektionen. Von besonderer Bedeutung ist die ausreichende Versorgung mit Vitamin A deswegen für Zuchtpferde! Außerdem spielt Vitamin A eine Rolle bei der Bildung von Horn, der Sehfähigkeit und dem Aufbau von Knochensubstanz. In frischer pflanzlicher Nahrung nimmt das Pferd eine Vorstufe (= Provitamin) des Vitamin A auf, Beta-Carotin, aus dem in der Darmwand das funktionsfähige Vitamin gebildet wird. Lediglich bei Weidegang ist eine ausreichende Zufuhr von Provitamin A meist gewährleistet, bei Fütterung von Heu und Kraftfutter muß es über ein Vitaminpräparat oder ein entsprechend aufgewertetes Mischfutter zugefüttert werden, da der Gehalt an Beta-Carotin im Heu lagerungsbedingt schnell abnimmt. Auch die Gabe frischer Möhren ist nicht in

Mineralbriketts sind besonders einfach zu dosieren.

der Lage, das während der Winterzeit auftretende Defizit in der Vitamin A-Versorgung auszugleichen. Mängel resultieren in brüchigem Hufhorn, Lahmheiten, Sehstörungen, nachlassender Fruchtbarkeit und erhöhter Infektanfälligkeit, eine Überversorgung kann zu Vergiftungserscheinungen führen.

Die *Vitamine der B-Gruppe* werden im Dickdarm des Pferdes von den dort lebenden Mikroorganismen hergestellt, eine zusätzliche Zufuhr über die Fütterung ist nur unter bestimmten Umständen notwendig und sinnvoll. Die Vertreter dieser Gruppe sind alle wasserlöslich und nehmen ganz unterschiedliche Aufgaben im Organismus wahr. Sie spielen eine wichtige Rolle in der Verwertung der Nahrung, vor allem im Fett-, Kohlenhydrat- und Eiweißstoffwechsel, so daß ein Mangel an Vitaminen der B-Gruppe sich durch eine Vielzahl von Symptomen bemerkbar macht. Bei einer solchen „unspezifischen Mangelsymptomatik" lassen die Pferde in der Leistung nach, verlieren an Appetit und folglich an Gewicht, weisen Hautschäden auf oder zeigen Bewegungsstörungen. Da die Eigensynthese im Dickdarm den Bedarf eigentlich deckt, treten derlei Störungen nur auf, wenn Darmprobleme zum Absterben der Bakterien führen oder wenn Verschiebungen des Milieus ein Ansteigen der Zahl unerwünschter Keime zur Folge haben. Ursache können plötzliche Futterumstellungen, rohfaserarme Rationen, verdorbenes Futter oder die orale Gabe mancher Medikamente (Antibiotika) sein. In solchen Fällen hilft neben der Beseitigung der Grundursache ein gutes Bierhefepräparat dem Pferd schnell wieder auf die Beine. Das wohl bekannteste Vitamin

ist das *Biotin*, auch *Vitamin H* genannt. Auch dieses wasserlösliche Vitamin produzieren die freundlichen Besiedler des Dickdarms in ausreichenden Mengen, so daß Mangelerscheinungen kaum beobachtet werden. Eine zusätzliche Versorgung mit Biotin kann allerdings bei Pferden mit schlechtem, weichem Hufhorn die Hornqualität langfristig so verbessern, daß der Abrieb abnimmt und subjektiv ein besseres Wachstum der Hufe erreicht wird. Manche Biotin-Zusatzfutter enthalten weitere Stoffe, die für die Bildung guten, gesunden Horns benötigt werden, etwa Schwefel, Zink oder Gelatine.

Wir Zweibeiner greifen gerne zu *Vitamin C* oder *Ascorbinsäure*, wenn es im Hals kratzt oder in der Nase juckt. Eigentlich bilden Pferde in der Leber ausreichend Vitamin C selbst, doch bei bestimmten Infektionserkrankungen konnten signifikant erniedrigte Ascorbinwerte im Blut festgestellt werden. So ist es sinnvoll, zur Stärkung der Immunabwehr bei besonders beanspruchten oder geschwächten Pferden Vitamin C zuzufüttern, doch über die Fütterung des handelsüblichen kristallinen Ascorbinsäurepulvers ist keine Erhöhung des Serumspiegels zu erreichen. Frisches Weidegras enthält viel verwertbares Vitamin C, im Winter hilft die intravenöse Injektion von Vitamin C oder die Zufütterung von Ascorbat-Palmitat.

Auch das *Vitamin D* wird bei günstigen Bedingungen in ausreichender Menge im Pferdekörper gebildet. Vorausgesetzt, das Pferd hält sich täglich mehrere Stunden unter freiem Himmel auf, wird unter der Einwirkung

Halten sich Pferde viel im Freien auf, wird auch im Winter genug Vitamin D gebildet.

von UV-Licht in der Haut aus einer Vorstufe das wirksame Vitamin D produziert. Bei Stallhaltung muß dieses Vitamin gezielt zugefüttert werden, da viele Futtermittel keine ausreichend hohen natürlichen Gehalte aufweisen. Vitamin D spielt im Stoffwechsel der Mineralstoffe Calcium und Phosphor eine zentrale Rolle und ist deshalb für den Aufbau und Erhalt einer gesunden, belastbaren Knochenstruktur notwendig. Mängel resultieren beim Jungtier in Knochenverformungen und Wachstumsmängeln (Rachitis), beim ausgewachsenen Pferd kommt es zu einer erhöhten Anfälligkeit für Knochenbrüche (Osteomalazie). Soll Vitamin D gezielt zugefüttert werden, ist allerdings Vorsicht geboten: Zuviel tut nicht gut und führt zur unkontrollierten Verkalkung von Blutgefäßen und Nieren.

In Zusammenarbeit mit dem Spurenelement Selen schützt *Vitamin E* den Organismus vor hochreaktiven Sauerstoffverbindungen, die vor allem die Skelett- und Herzmuskulatur schädigen können. Vitamin E ist ein sogenanntes „Antioxidans" und damit in der Lage, empfindliche Strukturen vor einer unerwünschten Reaktion mit Sauerstoff zu bewahren. Es spielt eine wichtige Rolle bei allen Muskelfunktionen, im Fetthaushalt und in der Immunabwehr. Leider ist es sehr instabil und deswegen nimmt bei längerer Lagerung sein Gehalt in Futtermitteln rapide ab. So wird es vor allem bei Hochleistungspferden oft notwendig sein, Vitamin E über ein geeignetes Präparat zu substituieren. *Folsäure*, ein besonders in Leguminosen enthaltenes Vitamin, braucht das

Hochleistungspferde benötigen oft mehr Vitamine als Freizeitpferde.

Pferd zur Bildung von roten Blutkörperchen. Dieses Vitamin kommt in den meisten Futtermitteln, vor allem im frischen Weideaufwuchs, in ausreichenden Mengen vor, lediglich bei Pferden mit sehr hohem Bedarf (Hochleistungssport) sind Mangelerscheinungen bekannt, die sich meist in abnehmenden Leistungen und Anämie zeigen.

Auch das *Vitamin K* gehört zu den Vitaminen, die von Mikroorganismen im Dickdarm gebildet werden und deswegen nicht über das Futter zugeführt werden müssen.

Mängel an diesem die Blutgerinnung steuernden Vitamin sind denkbar, wenn das Darmmilieu gestört ist oder eine Vergiftung mit dem Stoff Dicumarol, der das Vitamin K blockiert, vorliegt.

Entsteht aufgrund einer solchen Störung oder Vergiftung eine erhöhte Blutungsneigung des Pferdes, wird der Tierarzt kurzfristig Vitamin K spritzen.

*Vor allem Fohlen
leiden unter
mangelnder
Mineralstoffzufuhr.*

MINERALSTOFFE

Zu den Mineralstoffen oder Mengen-elementen zählen sieben anorganische Stoffe, die am Aufbau von Knochenge-webe beteiligt sind und den PH-Wert sowie den osmotischen Druck von Kör-perflüssigkeiten regulieren.

Die Mineralien *Calcium* und *Phos-phor* arbeiten im Stoffwechsel eng zusammen. Zu ihren wichtigsten Auf-gaben gehört die Mineralisation der Knochen, sie erfüllen aber auch zahlrei-che Funktionen in der Blutgerinnung, der Reizleitung der Nerven sowie im Energiestoffwechsel der Muskulatur. Wegen ihrer großen Bedeutung wird im Blut ständig ein genau definierter Spiegel beider Mineralien aufrecht erhalten, der nach Bedarf aus den Vorräten in den Knochen ergänzt oder durch Ausscheidung über die Nieren gesenkt werden kann. Weil diese bei-den Mineralstoffe quasi immer als Part-ner auftreten, spielt bei der Fütterung nicht nur die absolute Menge der ver-abreichten Mineralstoffe eine Rolle, beide müssen auch immer im richtigen Verhältnis zueinander gefüttert werden: Das Calcium/Phosphorverhältnis sollte in der Gesamtration zwischen 2 : 1 und 3 : 1 liegen. Mängel in der Versorgung resultieren in ähnlichen Erscheinungen, wie wir sie bei Vitamin D-Defiziten bereits kennengelernt haben: Wachs-tumsstörungen und Knocheninstabi-lität. Klar, daß wachsende Pferde besonders auf eine regelmäßige und ausreichende Versorgung mit Calcium und Phosphor angewiesen sind. Dassel-be gilt für tragende Stuten, die im letz-ten Drittel der Trächtigkeit größere Mengen an Mineralstoffen brauchen, damit das Skelett des Ungeborenen

Grundsätzlich kann die Versor-gung mit Vitaminen auf drei Wegen erfolgen: Eigensynthese im Organismus, Produktion durch Mikroorganismen oder Substitution über das Futter. Damit ist die Vitaminversorgung direkt oder indirekt hochgradig von der Fütterung abhängig und dies kann vor allem bei wenig artgerecht gehaltenen Pferden zu Problemen führen. Werden Pfer-de langfristig im Stall gehalten und lediglich mit konservierten Futtermitteln ernährt, treten ins-besondere bei stärker beanspruch-ten Tieren (Hochleistungssport, Zuchtpferde, heranwachsende Jungtiere) Vitaminmängel auf, wenn sie nicht regelmäßig ein hochwertiges Mischfutter oder ein Vitaminkombipräparat erhalten.

ausreichend mineralisiert werden kann. Das Mineral *Magnesium* hat seine Hauptfunktionen im Muskel- und Nervenstoffwechsel und beteiligt sich am Bau von Knochen und Zähnen. Da es in bestimmten Dosierungen das Herz vor Überreizungen schützen kann, werden Magnesiumpräparate oder die magnesiumreichen Bananen gerne an nervöse Pferde verfüttert. Meist sind diese Mehrausgaben für die Katz, denn Magnesiummangel kommt nur recht selten vor und die Ursachen für das unerwünschte Verhalten zappeliger Pferde sind ganz woanders zu suchen. Die meisten Futtermittel enthalten ausreichende Mengen an Magnesium, lediglich intensiv bewirtschaftete Weiden mit einseitigem Bewuchs weisen häufiger Defizite auf. Dann kann es zu Magnesiummangel kommen, der sich in Übererregbarkeit und Muskelzittern äußert.

Die drei Mineralien *Natrium*, *Kalium* und *Chlor* regulieren partnerschaftlich den osmotischen Druck und damit den Flüssigkeitsgehalt des Gewebes, Natrium und Chlor außerdem den Säuren/Basenhaushalt. Kalium beeinflußt die Aktivität zahlreicher Enzyme der Muskulatur, weshalb ein Kaliummangel sich vor allem auf deren Funktionsfähigkeit auswirkt: Sowohl der Bewegungsapparat als auch die Muskulatur des Atmungs-, Verdauungs- und Kreislaufsystems ist davon betroffen. Defizite an Kalium, Natrium und Chlor können vor allem bei Hochleistungspferden nach starken Schweißverlusten und unzureichender Elektrolytzufuhr sowie infolge von Durchfällen auftreten. Grünfutter, insbesondere Heu und Gras, enthält meist ausreichende Mengen dieser Mineralstoffe, trotzdem sollte jedem Pferd ein Salzleckstein ständig zugänglich sein, aus dem schweißbedingte Verluste an Kochsalz wieder ausgeglichen werden können. Zwar gehört auch *Schwefel* zu den lebenswichtigen Mineralstoffen, er ist aber als Bestandteil von Eiweißen in jeder normalen Futterration in ausreichenden Mengen vorhanden und muß deshalb bei der Futterzuteilung nicht besonders beachtet werden.

> Mineralstoffe sind in vielen Futtermitteln enthalten, liegen aber oft in schlecht verwertbaren Verbindungen vor, nicht im richtigen Verhältnis zueinander oder in unzureichenden Mengen. Eine Substitution über ein Mineralfutter und einen Salzleckstein ist deswegen immer empfehlenswert, wenn nicht bereits ein ausreichend aufgewertetes Mischfutter gereicht wird.

SPURENELEMENTE

Spurenelemente weisen bezüglich ihrer Bedeutung für den Organismus einige wichtige Gemeinsamkeiten mit den Vitaminen auf: Sie sind lebensnotwendig und bereits in ganz kleinen Mengen wirksam, in Spuren eben. Während Vitamine aber organischer Natur sind, bestehen Spurenelemente aus anorganischen Substanzen.

Eisen ist ein wichtiger Bestandteil des sauerstoffbindenden Farbstoffes Hämoglobin. Dieser übernimmt, eingebaut in die roten Blutkörperchen, den Sauerstofftransport im Blut. In der

Während des Wachstums und beim Anreiten liegt der Eisenbedarf sehr hoch.

Muskulatur wird diese Funktion vom Myoglobin übernommen, das ebenfalls Eisen enthält. Steht nicht genügend Eisen zur Verfügung, leiden Hämo- und Myoglobinproduktion und folglich die Sauerstoffbindungskapazität des Blutes: Es kommt zur Anämie, einer Erkrankung mit weitreichenden Folgen. Leistungseinbußen mit Kurzatmigkeit, Infektionsanfälligkeit und Gewichtsverluste können die Folgen eines Eisenmangels sein.

Besondere Bedeutung hat die Deckung des Eisenbedarfs bei Fohlen und bei Pferden, die neu ins Training genommen werden, weil diese Tiere einen höheren Eisenbedarf haben, um größere Mengen Blutkörperchen neu bilden zu können.

Auch das Spurenelement *Kupfer* wird zur Bildung von Blutfarbstoff benötigt, erfüllt aber noch weitere Funktionen im Körper, etwa im Bereich des knöchernen Skeletts (vor allem beim Knorpelaufbau) und bei der Bildung von Pigmenten. Bei Kupfermangel kommt es deshalb sowohl zu Anämien als auch zu Knochenveränderungen und zu Pigmentierungsstörungen (Rappen bleichen aus und werden zu Braunen).

Zink spielt bei der ständig ablaufenden Erneuerung der Haut eine große Rolle. Bei Zinkmangel kommt es zu Hautveränderungen mit einer erhöhten Infektionsanfälligkeit in diesem Bereich.

Auch Mängel der Hornqualität sowie der Fruchtbarkeit können ihre Ursache in Zinkdefiziten haben.

Im Knochen- und Fettstoffwechsel, vor allem beim Aufbau von Knorpelmasse, ist das Spurenelement *Mangan* von großer Bedeutung, wenngleich Mängel kaum auftreten.

Ein Defizit an *Kobalt* hat indirekt einen Mangel an Vitamin B12 zur Folge, da dieses Spurenelement ein zentraler Bestandteil des Vitamins ist. Erhält der Organismus nicht ausreichend Kobalt über die Fütterung, können die Mikroorganismen nicht genügend Vitamin B 12 bilden und es entsteht ein Vitaminmangel mit unspezifischer Mangelsymptomatik: Wachstumsstillstand, Anämie, Abmagerung, Apathie.

Der *Jod*gehalt unserer Böden ist stark von der Nähe zum Meer abhängig. Im Binnenland und den Mittelgebirgen produzierte Futtermittel enthalten relativ wenig Jod.

Als wichtiger Bestandteil des Schilddrüsenhormons Thyroxin ist Jod indirekt an der Steuerung der Stoffwechselaktivität beteiligt. Jodmangel resultiert in einem Schilddrüsenhormonmangel und dieser wiederum führt zu einer reduzierten Aktivität des Gesamtorganismus. Es kommt zu Apathie, Fettleibigkeit, Schwäche und zur Bildung eines Kropfes, eine Folge der kompensatorischen Vergrößerung der Schilddrüse.

Das Spurenelement *Selen* wurde bereits im Zusammenhang mit Vitamin E erwähnt. Zusammen schützen sie den Körper vor schädlichen Sauerstoffverbindungen.

Eine ungenügende Zufuhr von Selen hat insbesondere für die Fohlen nicht ausreichend versorgter Stuten weitreichende Folgen und äußert sich in degenerativen Muskelerkrankungen.

Spurenelemente erfüllen, obgleich sie in nur verschwindend geringen Mengen benötigt werden, allesamt eine Schlüsselfunktion im Organismus. Defizite haben deshalb oft weitreichende Folgen, da Mangelsituationen ganze Bereiche des Stoffwechsels negativ beeinflussen. Ebenso schädlich kann sich allerdings eine unkontrollierte Zufütterung (Selen!!!) auswirken.

Im Zusammenhang mit Vitaminen, Spurenelementen und Mineralstoffen darf nicht übersehen werden, daß nicht nur Mangelsituationen, sondern unter Umständen auch Vergiftungen durch Überdosierungen auftreten können. Eine unkontrollierte Zufütterung, wie sie vor allem aus der Kombination eines handelsüblichen Kombipräparates mit weiteren Zusatzfuttern resultiert, hat deshalb auf jeden Fall zu unterbleiben.

Aus diesem Grund muß die Werbung der Futtermittelindustrie für einschlägige Produkte mit einer gewissen Skepsis betrachtet werden. Tatsache ist, daß nur wenige Pferde einen so hohen Bedarf haben, daß dieser den Einsatz entsprechender Zusatzfutter rechtfertigt. Alle anderen sind ausreichend versorgt, wenn ein fabrikseitig aufgewertetes Mischfutter verwendet wird oder eine Mischung von Einzelfuttermitteln durch ein Kombipräparat ergänzt wird. Handelsübliche Kombiprodukte enthalten alle Vitamine, Mineralstoffe und Spurenelemente in ausreichender Menge.

Mit Waage und Augenmass

Was braucht mein Pferd?

Um eine Ration korrekt zu berechnen, müssen Sie natürlich zunächst feststellen, was Ihr Pferd braucht, also welche Mengen und Gewichtung an Nährstoffen seine Nahrung enthalten muß, um alle Bedürfnisse abzudecken. Denken Sie einmal an die ersten Kapitel zurück: Nach ihrer Funktion können die verschiedenen Nahrungsbestandteile bestimmten Gruppen zugeteilt werden; sie liefern Baustoffe für Organe, Muskulatur oder Skelett, stellen kurz- oder langfristige Energievorräte zur Verfügung oder greifen auf vielfältige

Art und Weise in den Stoffwechsel ein. Ganz grundsätzlich können Baustoffe, Betriebsstoffe und Wirkstoffe unterschieden werden und diese Einteilung muß bei der Berechnung einer Ration immer berücksichtigt werden. Ein wachsender Organismus beispielsweise benötigt eine größere Menge an Baustoffen, während bei einem stark beanspruchten Sportpferd die Gewichtung eher zugunsten der Betriebsstoffe verschoben ist.

Im Zusammenhang mit der Rationsberechnung spielen zwei Begriffe eine wichtige Rolle: *Der Grund- oder Erhaltungsbedarf* und der *Leistungsbedarf*. Stellen Sie sich einen x-beliebigen Organismus vor, der eigentlich nichts weiter tut, als Nahrung aufzunehmen und zu verdauen, Stoffwechselprodukte auszuscheiden, zu schlafen und gelegentlich von A nach B zu tapern. Auch dieses beneidenswerte faule Lebewesen wird Baustoffe, Betriebsstoffe und Wirkstoffe benötigen, um seinen Organismus am Laufen zu halten. Ständig fallen kleine Schönheitsreparaturen an, weil Zellen abster-

Augenmaß ist gut, Kontrolle durch Wiegen ist besser.

Schauen Sie genau hin: Idealgewicht, Untergewicht oder Übergewicht?

ben und ersetzt werden müssen: hier müssen Baustoffe her. Auch das faulste Faultier muß ein bißchen Energie aufbringen, um seine Nahrung zu suchen, zu kauen, zu verdauen, auszuscheiden, sich zum Schlafen hinzulegen und irgendwann wieder aufzustehen: ohne Betriebsstoffe läuft da nichts. Und selbstverständlich braucht auch ein auf Sparflamme betriebener Organismus Vitamine, Spurenelemente, Mineralstoffe, um alle Vorgänge zu schmieren

und in Gang zu halten. Der *Grund- oder Erhaltungsbedarf* bezeichnet die Menge an Nährstoffen, die ein Pferd zu sich nehmen muß, um exakt im jetzigen Zustand zu bleiben. Steht ein Pferd im Erhaltungsstoffwechsel, so wird es seine Körpermasse nicht verändern (also weder zu- noch abnehmen, aber auch nicht wachsen, ein Fohlen austragen oder Milch geben) und keine Arbeitsleistung erbringen. Der Grundbedarf deckt nur die für die Aufrechterhaltung der Körperwärme, Verdauung und minimale Bewegung erforderliche Nahrungszufuhr ab. Der Bedarf an Nährstoffen hängt in diesem Fall einzig und allein von der Körpermasse des Tieres ab und läßt sich aus dieser berechnen.

Die meisten Pferde sind vermutlich mit dem Erhaltungsbedarf alleine nicht ausreichend versorgt, da sie als Reit- oder Zuchttiere eingesetzt werden und somit eine Leistung erbringen müssen. Aber (und dies ist ein großes ABER): An jedem Tag, den ein Reitpferd nicht geritten oder anderweitig gearbeitet wird, steht es theoretisch im Erhaltungsstoffwechsel und benötigt lediglich den Erhaltungsbedarf. Es empfiehlt sich also, auf der Grundlage des Körpergewichtes den Erhaltungsbedarf zu berechnen und als Basis für die an Stehtagen zu verabreichende Futterration zu nutzen. Damit kann einer Überfütterung und den damit verbundenen Problemen (großer Übermut, Fettleibigkeit, Koliken, Kreuzverschlag und andere mehr) vorgebeugt werden.

Alles, was über diesen Minimalbetrieb des Organismus hinausgeht, macht die Zufuhr weiterer Nährstoffe erforderlich: Wachstum, Trächtigkeit, Laktation, Arbeit als Reit- oder Kutschpferd. Dieser zusätzliche *Leistungsbedarf* hängt von zweierlei Faktoren ab, denn zum einen spielt die Art der erbrachten Leistung, zum anderen deren Intensität eine Rolle.

Während die Gewichtsbestimmung und damit die Ermittlung des Erhaltungsbedarfs relativ leicht zu leisten ist und ein genaues Ergebnis, nämlich eine definierte Zahl erbringt, gestaltet sich die Bestimmung des Leistungsbe-

darfs erheblich schwieriger. Für wachsende Pferde und Zuchttiere existieren besondere Bedarfstabellen, die Auskunft über deren Bedürfnisse geben: Je nach Alter, Trächtigkeitsmonat oder Laktationszeit ändern sich die Zahlen, doch der Bedarf kann genau abgelesen werden. Wie aber bitte soll ein Reiter die Arbeitsleistung seines Pferdes einschätzen? Und außerdem noch tägliche Schwankungen in seiner Rationszuteilung berücksichtigen? Hier kann nur geschätzt werden, aber das bitte möglichst genau und realistisch.

> Menge und Gewichtung der täglich benötigten Nährstoffe ergeben sich aus dem Körpergewicht und der (Arbeits-)Leistung des einzelnen Pferdes. Diese beiden Faktoren bilden deswegen die Eckpunkte der Rationsberechnung und müssen möglichst genau ermittelt werden.

Kennen wir Gewicht und Leistung unseres Pferdes, können wir daraus anhand von Tabellen oder mittels einfacher Rechenformeln den Bedarf an den wichtigsten Nährstoffen ableiten. Allerdings beschränkt man sich bei dieser Rationsberechnung „zu Fuß", also ohne die Hilfe von Computerprogrammen, im allgemeinen auf die wichtigsten Werte, nämlich den Bedarf an Eiweiß und an Energie, und berücksichtigt den Gesamtgehalt einer Ration an Rohfaser.

Ein computergestütztes Fütterungsprogramm vermag darüber hinaus andere wichtige Futterinhaltsstoffe wie beispielsweise Mineralstoffe, Spuren-

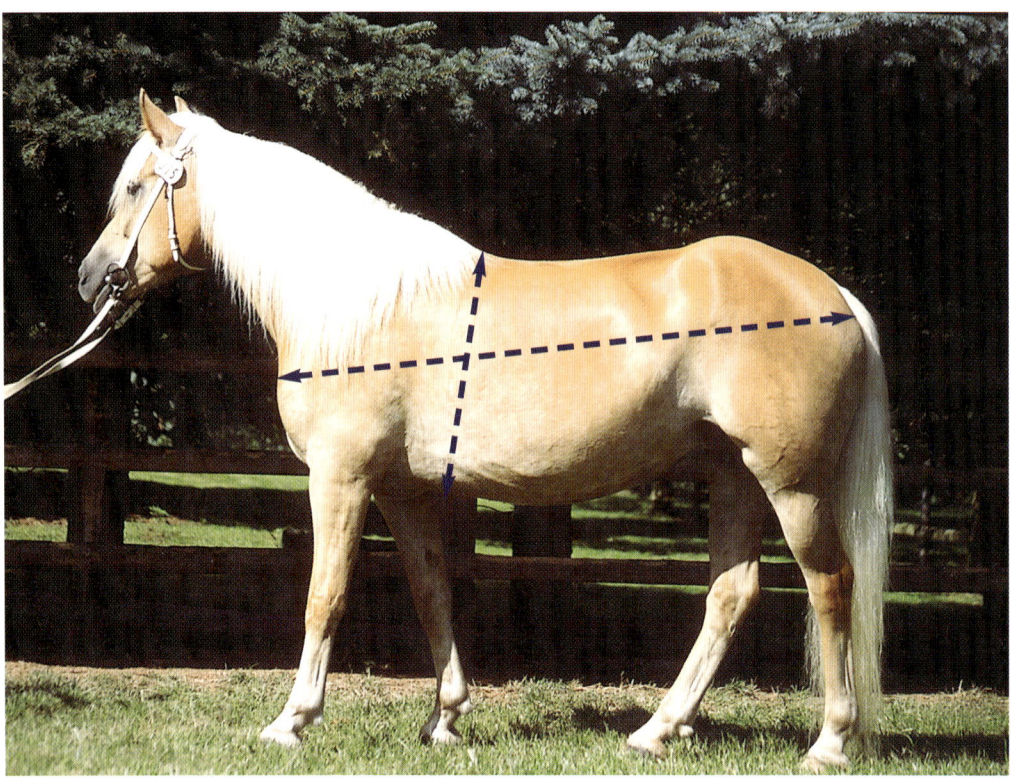

Durch die Messung von Rumpflänge und -umfang läßt sich das Gewicht bestimmen

elemente und Vitamine einzubeziehen und zu berücksichtigen, verlangt aber auch vom Anwender erhebliche Grundkenntnisse in der Fütterungspraxis.

Schritt 1: Ermittlung des Erhaltungsbedarfs auf der Grundlage des Gewichts

Sie brauchen ein Maßband, einen Zollstock, einen Taschenrechner, eine Bedarfstabelle und eine Menge Schmierpapier, außerdem etwas Geduld und Zeit.

Warmblüter wiegen durchschnittlich 550 bis 650 Kilogramm, Vollblüter zwischen 450 und 520 Kilogramm, Kaltblüter 700 Kilogramm oder mehr, Ponys je nach Größe und Körperbau nur 150 Kilogramm

(Shettys) oder bis zu 450 Kilogramm (schwere Haflinger). Diese Anhaltspunkte reichen für eine Rationsberechnung nicht aus, es muß schon ein bißchen genauer sein.

Das Körpergewicht läßt sich näherungsweise recht gut durch die Messung zweier Körpermaße und mit Hilfe einer Formel bestimmen:

Dazu ermitteln Sie erstens den Abstand zwischen dem Buggelenk (seitlich an der Vorderbrust gut zu tasten) und dem Sitzbeinhöcker (der Knubbel seitlich des Schweifes) und damit die Körperlänge mit einem Zollstock, außerdem zweitens den Brustumfang mit einem hinter Widerrist und Ellbogenhöcker verlaufenden Maßband (siehe Seite 62).

Beide Werte fügen Sie in folgende Formel ein:

$$\text{Lebendmasse (kg)} = \frac{\text{Brustumfang (cm) x Brustumfang (cm) x Körperlänge (cm)}}{11900}$$

und ermitteln daraus das aktuelle Körpergewicht. Ein Pferd mit einer Körperlänge von 160 cm und einem Brustumfang von 190 cm hat nach dieser Berechnung ein Gewicht von 485,40 Kilogramm.

Wer es genauer wissen will, fährt einmal mit Pferd und Hänger, einmal mit leerem Hänger auf eine Waage (Müllverbrennung, Futtermittelhandel, Deponie, Schlachthof) und bestimmt aus der Differenz beider Werte das exakte Gewicht des Pferdes. Notfalls können Sie auch den Tierarzt bei nächster Gelegenheit um eine Schätzung bitten, er oder sie hat meist ein gutes Auge für das ungefähre Gewicht.

Da dieser Wert die Grundlage aller weiteren Berechnungen bildet, sollten Sie unbedingt berücksichtigen, ob es sich hierbei um das Idealgewicht handelt oder nicht. Sind die Rippen gut zu fühlen, aber nicht zu sehen und zeichnet sich der Rippenbogen noch ab, befindet sich das Pferd mehr oder weniger im Idealgewicht. Anzeichen eines schwerwiegenden Untergewichts sind neben der knochigen Erscheinung stark eingefallene Augenhöhlen (wie sie auch bei älteren Pferden zu beobachten sind), ein kippender Mähnenkamm sowie Verlust an Muskelmasse. Bei übergewichtigen Pferden dagegen sind die Rippen unter einer dicken Speckschicht kaum zu tasten, der Mähnenkamm ist oft sehr stark ausgeprägt, in der Bewegung zeichnet sich die Muskulatur nicht mehr ab, statt dessen „schwabbeln" Kruppe und Rumpf. Korrigieren Sie das ermittelte Körpergewicht bei über- oder untergewichtigen Pferden um einen geschätzten Betrag nach oben oder unten, um so näherungsweise das Idealgewicht zu erhalten.

Wie bereits erwähnt, können bei einer Berechnung „zu Fuß" nicht alle benötigten Stoffe berücksichtigt werden, man beschränkt sich deshalb auf die wichtigsten Werte: Den Energiebedarf, gemessen in Megajoule verdaulicher Energie (MJ verd. Energie oder MJ vE), und den Eiweißbedarf, ausgedrückt in Gramm verdauliches Rohprotein (g verd. RP). Eiweiß- und Energiebedarf lassen sich nun mittels einer einfachen Formel berechnen:

Energiebedarf in
MJ verdauliche Energie
$= 0{,}6 \times \text{Körpergewicht hoch } 0{,}75$

Eiweißbedarf in
g verdauliches Rohprotein
$= 3 \times \text{Körpergewicht hoch } 0{,}75$

Warum das Körpergewicht mit der Potenz 0,75 verziert wird? Ganz einfach: Nicht das absolute Gewicht, sondern das „metabolische Körpergewicht" wird als Grundlage für diese Berechnungen benötigt. Dies hängt damit zusammen, daß bei kleinen Tieren die Körperoberfläche im Verhältnis zum Volumen größer ist als bei größeren Organismen. Da die Wärmeabgabe über die Körperoberfläche im Energiehaushalt des Körpers eine entscheidende Rolle spielt, wird dieser Faktor berücksichtigt.

Körpergewicht	Energie (MJ)	Rohprotein (g)
200	32	160
300	43	220
400	53	270
500	63	320
600	72	360

Ein Pferd mit einem Gewicht von 500 Kilo hat also einen Erhaltungsbedarf, der sich wie folgt berechnet:

Energiebedarf in MJ verdauliche Energie
= 0,6 x 105,7 = 63,5

Eiweißbedarf in Gramm
verdauliches Rohprotein
= 3 x 105,7 = 317,1

In Form einer Tabelle sieht der Erhaltungsbedarf so aus (siehe oben):
Sie sehen links das Körpergewicht oder die Lebendmasse des Pferdes, aus dem sich die beiden rechts stehenden Soll-Werte an Energie- und Eiweißgehalt der Tagesration ergeben.

Wer genauer hinsieht, wird bemerken, daß Eiweiß und Energie immer in einem bestimmten Verhältnis zueinander stehen: Das Verhältnis beträgt ungefähr 5 : 1, ein Pferd braucht also näherungsweise fünfmal soviel Eiweiß in Gramm wie es Energie in Megajoule braucht. Diese Faustzahl sollten Sie sich gut merken, denn sie ist enorm hilfreich, wenn Futtermittel grob eingeschätzt werden sollen.

Schritt 2: Berechnung des Leistungsbedarfs auf der Grundlage des Erhaltungsbedarfs und der erbrachten Leistung

Futter kann dazu dienen, Körpermasse aufzubauen: Fohlen und Jungpferde wachsen heran, ein ausgewachsenes Pferd bildet Muskelmasse oder setzt Fett an, Stuten tragen ein Fohlen aus, geben Milch, Hengste bilden Ejakulat. Werden Nährstoffe gebraucht, um Körpermasse zu bilden, wird die entsprechende Leistung als *Ansatzleistung* bezeichnet. Bei der Rationsgestaltung spielt die Art der Ansatzleistung eine entscheidende Rolle, so daß für tragende oder laktierende Stuten, Hengste im Deckeinsatz, Fohlen und Jungpferde in verschiedenen Wachstumsstadien jeweils eigene Berechnungsgrundlagen in Form von speziellen Bedarfstabellen herangezogen werden müssen, um den teilweise extrem ausgeprägten und wechselnden Bedürfnissen dieser Gruppen gerecht werden zu können.

Futter kann aber auch dazu dienen, die notwendige Energie für verschiedene Formen von Bewegungsleistungen zu liefern: Ob Geländeritt, Dressurarbeit, Tölttraining oder Kutschfahrt, entscheidend ist weniger die Art und Weise, sondern vor allem die Intensität oder Höhe der Arbeitsleistung. Solche Leistungen faßt man unter dem Begriff *Umsatzleistung* zusammen, da in erster Linie Energie umgesetzt, also verbraucht wird.

Der tägliche Gesamtbedarf an Nährstoffen ergibt sich in diesen Fällen aus dem Erhaltungsbedarf und dem zusätzlichen Bedarf für die Bewegungsleistung (Gesamtbedarf = Erhaltungsbedarf + Leistungsbedarf), wobei man diese grob schätzt und einer von vier

Leichte Arbeit:
Ein kurzer Ausritt, eine Stunde ruhiges Reiten im Schritt, intensives Spielen mit Artgenossen

Mittlere Arbeit:
Ungefähr einstündige, intensivere Bahnarbeit oder Kutschfahrt, Geländeritt

Schwere Arbeit:
Sehr intensives Training, längere Wanderritte

Extreme Arbeit:
Hochleistungssport, Distanzrennen, Galopprennen

Hier geht es mächtig zur Sache: intensives Spielen kann schon als leichte Arbeit zählen.

Es geht flott voran bei mittlerer Arbeit.

Kategorien zuordnet. Während bei höherer Belastung der Eiweißbedarf nur wenig ansteigt, nimmt der Energiebedarf stark zu. Allerdings spielen individuelle Unterschiede eine Rolle, da sich das reiterliche Können, das Temperament des Pferdes oder dessen Trainingszustand in kaum erfaßbarer Weise auf die Belastung und damit auf den Bedarf auswirkt.

Der Gesamtbedarf an Eiweiß und Energie kann nun wie folgt geschätzt werden:

Bei Turniervorbereitungen wird oft mittelschwer bis schwer gearbeitet.

Gesamteiweißbedarf für leichte Arbeit = Erhaltungsbedarf + bis zu 80 g
Gesamteiweißbedarf für mittlere Arbeit = Erhaltungsbedarf + bis zu 150 g
Gesamteiweißbedarf für schwere Arbeit = Erhaltungsbedarf + bis zu 200 g
Gesamteiweißbedarf für extreme Arbeit = Erhaltungsbedarf + bis zu 200 g

Für extreme Arbeitsleitungen wird also kein proportional weiter steigender Eiweißbedarf angenommen.

Bezüglich des Gesamtenergiebedarfes verfährt man ähnlich:

Gesamtenergiebedarf für leichte Arbeit = Erhaltungsbedarf x 1,25

Gesamtenergiebedarf für mittlere Arbeit = Erhaltungsbedarf x 1,25 - 1,5

Gesamtenergiebedarf für schwere Arbeit = Erhaltungsbedarf x 1,5 - 2

Gesamtenergiebedarf für extreme Arbeit = Erhaltungsbedarf x 2 - 2,5

Einfacher wird es, wenn alle Berechnungen in eine Tabelle einfließen:

Körpergewicht	Energie (MJ)	Rohprotein (g)
leichte Arbeit:		
200 kg LM	32-40	160-200
300 kg LM	43-54	215-270
400 kg LM	54-67	270-335
500 kg LM	64-80	320-400
600 kg LM	73-91	365-455
mittlere Arbeit:		
200 kg LM	40-48	200-240
300 kg LM	54-65	270-325
400 kg LM	67-81	335-405
500 kg LM	80-96	400-480
600 kg LM	91-109	455-545
schwere Arbeit:		
200 kg LM	48-64	bis 240
300 kg LM	65-86	bis 325
400 kg LM	80-107	bis 405
500 kg LM	95-127	bis 480
600 kg LM	109-145	bis 545

So weit, so gut. Auf der Soll-Seite steht nun also die Menge und Zusammensetzung an Nährstoffen, die sich aus dem Gewicht und der Leistung des Pferdes ergibt. Mit diesen Werten läßt sich eine passende Ration zusammenstellen. Eine Bedarfsberechnung und die darauf basierende Futterration ist allerdings keine einmalige Angelegenheit, sondern paßt sich flexibel den sich ständig ändernden Bedürfnissen an, indem die auf dieser Grundlage erstellten Idealrationen als Basis zu nehmen sind, die fallweise ergänzt oder verändert werden.

Eine gute Fütterung geht flexibel auf sich ändernde Bedingungen ein.

Praktisch kann dies so aussehen:

- Schulpferde erhalten an Arbeitstagen eine ihrer Leistung angemessene Ration, an Stehtagen wird diese auf den Erhaltungsbedarf gekürzt, um Kreuzverschlag und anderen fütterungsbedingten Problemen vorzubeugen.
- Bei Privatpferden empfiehlt es sich ebenfalls, mindestens zwei mögliche Leistungen - beispielsweise leichte bis mittlere Arbeit für das tägliche Training, mittlere bis schwere Arbeit für den Turnierbesuch - zugrunde zu legen, so daß sich die Fütterung flexibel zwischen diesen Werten bewegen kann. Auch sie sollten an Stehtagen entsprechend dem Erhaltungsbedarf gefüttert werden.
- Offenstallpferde stellen an den Halter höhere Ansprüche, für sie sind im Jahresablauf mindestens vier verschiedene Rationen zu berechnen. Diesem komplexen Thema widmet sich das übernächste Kapitel.
- Zuchtpferde und Jungpferde stellen hinsichtlich Qualität und Quantität ganz besondere Ansprüche an die Fütterung. Ihr Bedarf ändert sich zudem ständig, beispielsweise mit dem Trächtigkeitsmonat, der Decksaison oder der Wachstumsphase, so daß ihre Bedarfszahlen unbedingt der entsprechenden spezialisierten Fachliteratur entnommen werden müssen.
- Bei über- oder untergewichtigen Pferden ist es nicht mit einer einmaligen Rationsberechnung getan. Zunächst ist die Ration zu ermitteln, mit der eine Gewichtsoptimierung angestrebt wird, nach Erreichen des Idealgewichts kann die Ration auf eine angemessene Menge gesetzt werden.
- Die Vertreter der Extensivrassen, also beispielsweise Isländer, Norweger oder Shettys, die sich durch besonders gute Futterverwertung auszeichnen, haben einen geringeren Energiebedarf als gleich schwere und gleich intensiv belastete Pferde anderer Rassen. Um dem Rechnung zu tragen, zieht man nachträglich pauschal 10 Prozent vom ermittelten Energiebedarf ab.

Nun endlich geht es richtig los: Den Bedarf Ihres Pferdes kennen Sie jetzt, nun füllen Sie trockene Zahlen mit Leben und ermitteln eine Futterration.

MIT GEDULD UND TASCHEN- RECHNER

AUS TROCKENEN ZAHLEN WIRD SAFTIGES FUTTER

Von Energie- und Eiweißbedarfswerten bis zur fertigen Futterration ist es noch ein weiter Weg, der allerdings in quasi homöopathischen Dosen begangen und damit vereinfacht werden kann. Nun wird die Gesamtmenge an Futtermitteln so zusammengestellt, daß die Summe der darin enthaltenen Eiweiß- und Energiemengen möglichst genau den zuvor ermittelten Bedarfswerten entspricht, Ist- und

Soll-Werte also übereinstimmen. Die dazu notwendigen Angaben über Eiweiß- und Energiegehalte sowie andere wichtige Inhaltsstoffe entnehmen Sie den Futtermitteldeklarationen der industriell gefertigten Produkte oder anderen Informationen. Die darin enthaltenen Angaben beziehen sich immer auf ein Kilogramm Futtermittel, müssen also je nach tatsächlich gefütterter Menge umgerechnet werden (enthält etwa ein Kilo Mais 68 Gramm verdauliches Rohprotein und 13,59 MJ verdauliche Energie und wollen wir nur ein halbes Kilo füttern, veranschlagen wir natürlich 34 Gramm verdauliches Rohprotein und etwa 7 MJ verdauliche Energie).

Schritt 1: Ermittlung des ungefähren Rauhfutterbedarfs

Es ist relativ unergiebig, wild drauflos zu rechnen, halten Sie sich besser an eine Art Fahrplan, da später nicht allein die gefütterten Eiweiß- und Energiemengen möglichst genau passen sollten, sondern gleichzeitig ande-

Viele Freizeitpferde erhalten zuviel Eiweiß und zu wenig Energie.

re, wichtige Grundsätze beachtet werden müssen. Beginnen wir deswegen mit der Berechnung des ungefähren Rauhfutterbedarfs, da dieses die Grundlage jeder Fütterung bildet und meist bei nicht oder nur leicht belasteten Pferden nur noch geringgradig durch andere Futtermittel ergänzt werden muß. Bei der Schätzung des Rauhfutterbedarfs helfen folgende Grundregeln:

- Grob gerechnet erhält ein Pferd pro 100 Kilogramm Körpergewicht 1 Kilogramm Rauhfutter, in der Regel Heu, als Grundlage. Abweichungen nach oben sind erlaubt und sogar erwünscht, nach unten aber unbedingt zu vermeiden.
- Soll oder muß weniger Rauhfutter gegeben werden, darf der Rauhfuttermindestbedarf von 0,5 Kilogramm bei Reitpferden, 0,8 Kilogramm bei Zuchtpferden und 1 Kilogramm bei Extensivrassen je 100 Kilogramm Körpergewicht auf keinen Fall unterschritten werden.

Ein Beispiel: Ein beliebiges Pferd „Megamouth" wiegt 400 Kilogramm und erhält deswegen als Basis mindestens 4 Kilogramm Heu, wobei wir diese Menge später vielleicht noch nach oben korrigieren oder durch andere Rauhfutter (Stroh, Heucobs) ergänzen beziehungsweise ersetzen können. Diese 4 Kilogramm enthalten je Kilogramm 52 Gramm Eiweiß und 7,5 MJ Energie sowie 253 Gramm Rohfaser. Die Haben-Seite sieht also erst einmal so aus:

Futtermittel	Menge	Eiweiß (g)	Energie (MJ)	Rohfaser (g)
Heu	4 kg	208	30	1072

Die Rohfasermenge, ein Maß für den Anteil an Ballaststoffen im Futter, notieren Sie sich bitte ebenfalls, da sie später mit einem Soll-Wert verglichen werden muß, der sich allerdings nicht auf das Pferd, sondern auf die Gesamtfuttermenge bezieht.

Schritt 2: Berechnung einer den Erhaltungsbedarf deckenden Ration für Stehtage

„Megamouth" ist ein leicht bis mittelgradig belastetes, ausgewachsenes Reitpferd. Als gewissenhafter Pferdebesitzer wissen Sie, daß Ihr Futterplan auch eine Ration für Stehtage enthalten soll. Deshalb berechnen Sie zunächst eine Ration, die den Erhaltungsbedarf Ihres Pferdes abdeckt. Laut Tabelle oder nach Berechnung mittels Schätzformel beträgt der Erhaltungsbedarf 53 MJ verdauliche Energie und 270 Gramm verdauliches Eiweiß. Vergleichen Sie diesen Betrag mit Ihrer Haben-Seite, stellen Sie gewisse Defizite fest:

	Eiweiß (g)	Energie (MJ)	Rohfaser (g)
Haben-Seite (4 kg Heu)	208	30	1072
Soll-Seite (Bedarf)	270	53	

Mit vier Kilo Heu kommt „Megamouth" also nicht ganz hin.

Jetzt müssen Sie so lange ergänzen und herumprobieren, bis vielleicht die folgende Ration steht:

Futtermittel	Menge	Eiweiß (g)	Energie (MJ)	Rohfaser (g)
Heu	6 kg	312	44,82	1608
Weizenstroh	2 kg	14	10,04	804
Haben-Seite		326	54,82	2412
Soll-Seite		270	53	

Und da hätten wir den Salat. Die Energiemenge sieht toll aus, da wäre der Nagel auf den Kopf getroffen, der Eiweißbedarf dagegen wird überschritten. Dieses Ungleichgewicht ist ein häufiges, vermutlich sogar das häufigste Problem bei Rationsberechnungen, das in den allermeisten Fällen nie ganz bereinigt werden kann. Denn würden wir nun die Fütterung derart umstellen, daß die Eiweißgesamtmenge annähernd dem Sollwert entspricht, hätten wir bedeutende Defizite auf der Energieseite zu verzeichnen. Zwar läßt sich dies durch die geschickte Kombination vieler einzelner Futtermittel oft in den Griff bekommen, praktisch und preisgünstig sind derartige Rationen dann nicht mehr. Wir finden uns deswegen resigniert bis zu einem gewissen Punkt mit diesem Problem ab und beachten folgenden Grundsatz:

• Die Eiweißgesamtmenge im Futter darf nie um mehr als 30 Prozent nach oben vom Sollwert abweichen.

Bezogen auf die Ration von „Megamouth" hieße das, die Ration darf keinesfalls mehr als 351g Eiweiß enthalten (270 Gramm = 100 Prozent; 81 Gramm = 30 Prozent; 351 Gramm = 130 Prozent des Sollwertes). Sie liegen noch unter diesem Limit und können sich beruhigt zurücklehnen. An Stehtagen erhält „Megamouth" also zukünftig 6 Kilogramm Heu und 2 Kilogramm Weizenstroh. Und da wäre sie, die erste selbst berechnete und über-

An Arbeitstagen benötigen die meisten Pferde Kraftfutter.

ferenz aus den darin enthaltenen Eiweiß- und Energiemengen und den Sollwerten für Arbeitstage und erhalten folgendes Ergebnis:

Zuchtpferde benötigen relativ viel Rauhfutter in ihrer Ration

Futtermittel	Menge	Eiweiß (g)	Energie (MJ)	Rohfaser (g)
Heu	6 kg	312	44,82	1608
Weizenstroh	2 kg	14	10,04	804
Haben-Seite		326	54,82	2412
Soll-Seite		350-420	66-79,5	

Wenn „Megamouth" nun Kraftfutter erhalten soll, müssen Sie bei der Zuteilung folgende Grenzwerte beachten:

• Rauhfutter- und Kraftfuttermenge sollten möglichst ein bestimmtes Verhältnis nicht zugunsten des Kraftfutters überschreiten. Grob gerechnet erhält ein Pferd pro 100 Kilogramm Körpergewicht bei leichter Arbeit 1 Kilogramm Rauhfutter und bis zu 0,5 Kilogramm Kraftfutter (Verhältnis 1:0,5), bei mittlerer Arbeit beträgt das Verhältnis ungefähr 1:1 und bei schwerer Arbeit kann es zugunsten des Kraftfutters auf bis zu 1:1,25 erhöht werden. Die Kraftfuttereinzelration darf nicht über 0,5 Kilogramm je 100 Kilogramm Lebendmasse des Pferdes liegen.

prüfte Futterration! Der nächste Schritt, die Ermittlung einer Ration für Arbeitstage, bezieht nun Kraftfutter mit ein.

Schritt 3: Berechnung einer Ration zur Deckung des Gesamtbedarfs an Arbeitstagen

Die tägliche Arbeitsleistung von „Megamouth" bewegt sich im Bereich leichter bis mittlerer Arbeit. Sie erinnern sich:

Gesamteiweißbedarf für leichte bis mittlere Leistung:
Erhaltungsbedarf + (80 bis 150g)
Gesamtenergiebedarf für leichte bis mittlere Leistung:
Erhaltungsbedarf x (1,25 bis 1,5)

So ergibt sich ein Gesamteiweißbedarf von 270g plus 80 bis 150 Gramm, also zusammen 350 bis 420 Gramm, der Energiebedarf liegt ungefähr bei 66 bis 79,5 MJ.

Soll an Arbeitstagen dieselbe Rauhfuttermenge gereicht werden wie an Stehtagen, bilden Sie zunächst die Dif-

Aus diesen Grundsätze folgt, daß in unserem Beispiel die Tageshöchstmenge an Kraftfutter 8 Kilogramm nicht überschreiten darf und je Mahlzeit nicht mehr als 2 Kilogramm Kraftfutter gereicht werden dürfen.

Meist hat der Pferdehalter eine ungefähre Vorstellung davon, welche Kraftfutter verwendet werden sollen oder müssen, etwa weil bestimmte Futtermittel selbst produziert werden, günstig zu bekommen oder einfach zu lagern sind oder weil man bereits positive Erfahrungen mit einem Markenprodukt gemacht hat. Angenommen, „Megamouth" soll mit Rübenschnitzeln („Rüschnis") und gebrochenem Mais ernährt werden, dann sieht nach einigem Probieren die Ration vielleicht wie folgt aus:

Futtermittel	Menge	Eiweiß (g)	Energie (MJ)	Rohfaser (g)
Heu	6 kg	312	44,82	1608
Weizenstroh	2 kg	14	10,04	804
Rüschnis	0,5 kg	15	7,00	70
Mais, gebr.	1 kg	68	13,59	24
Haben-Seite	9,5	409	75,45	2506
Soll-Seite		350-420	66-79,5	

Einzelfuttermittel enthalten meist nicht genug Mineralien und Vitamine und müssen ergänzt werden.

Heureka! Da ist noch ein bißchen Luft drin, so daß die hoch angesetzte Rauhfuttermenge, vor allem das Stroh, etwas reduziert werden kann. An Stehtagen erhalten Pferde ja schon zur

Beschäftigung viel Rauhfutter, dieser Effekt ist an Arbeitstagen nicht so notwendig. Eines aber fehlt in dieser Ration noch: Ein Mineral/Vitaminkombiprodukt! Anders als industriell gefertigte Mischfuttermittel, die bei der Produktion mit allen Vitaminen, Mineralstoffen und Spurenelementen versetzt werden, die ein Pferdeherz begehrt, ist auf Einzelfuttermittel diesbezüglich kein Verlaß, weshalb routinemäßig und täglich ein entsprechendes Zusatzfuttermittel beigefüttert werden sollte.

Fast war es das schon, aber: Ein letzter Rechenvorgang steht jetzt noch aus, die Überprüfung des Rohfasergehaltes.

Schritt 4: Überprüfung des Rohfasermindestgehaltes von 15 Prozent der Futtertrockenmasse

Dazu benötigen Sie nicht das „normale" Gewicht der Futtermittel, die Frischsubstanz, sondern die sogenannte Trockensubstanz, die Futtermitteltabellen entnommen werden kann. Eine Frischsubstanz von einem Kilo Heu enthält eine Trockenmasse von 870 Gramm, bei Stroh sind es 892 Gramm, bei Rübenschnitzeln 925 Gramm und bei Mais 874 Gramm. Die Gesamt-Trockensubstanz Ihrer Futterration beträgt also 8340,5 Gramm, die Gesamtmenge an Rohfaser 2506g. 15 Prozent von 8340,5 sind 1251,075; dies wäre also Ihr Mindestwert und mit 2506 liegen Sie deutlich darüber.

- In der Gesamtmenge an Futter soll der Anteil von Rohfaser in der Trockenmasse mindestens 15 Prozent betragen, um eine einwandfrei ablaufende Verdauung zu gewährleisten.

ÜBERPRÜFEN STATT NEU BERECHNEN

Häufiger als eine komplette Neuberechnung der Fütterung steht die Überprüfung der bisher gereichten Ration an. Meist ist eine völlige Umstellung der bisherigen Fütterungspraxis weder notwendig noch erwünscht, die gewohnte Ration soll nur auf ihre Vollständigkeit überprüft, eventuelle Zusätze bestimmt oder die Menge geändert werden. Selbst wenn tatsächlich eine Fütterungsumstellung ansteht, etwa beim Neukauf eines Pferdes, ist eine Überprüfung der gewohnten Ration sinnvoll. So können Sie nämlich ganz schnell ermitteln, ob Ihr Neuerwerb ein eher guter oder ein schlechter Futterverwerter ist: Stellen Sie beispielsweise bei einer Rationsüberprüfung fest, daß trotz bislang recht knapper Fütterung (Ist-Werte liegen unter den Soll-Werten) das Pferd recht rundlich ist, haben Sie es vermutlich mit einem eher guten Futterverwerter zu tun und können dies künftig berücksichtigen.

Außerdem ist von radikalen Futterumstellungen prinzipiell abzuraten, so daß eine bedarfsgerechte Ergänzung der bisherigen Tagesration in vielen Fällen sinnvoller ist als eine komplette Änderung. Schließlich sind bestimmte Futtermittel oft vorgegeben und müssen auf jeden Fall verwendet werden, wenn etwa das Rauhfutter in einem Pensionsstall von den Betreibern vorgelegt wird und die Besitzer nur für die Kraftfuttergabe zuständig sind oder wenn Futtermittel aus eigener Produktion verwendet werden sollen. Dem Pferdehalter obliegt es dann lediglich, eventuell notwendige Ergänzungen zu berechnen.

Wechselt ein Pferd den Besitzer, sollten abrupte Futterumstellungen vermieden werden.

Zur einfachen Rationsüberprüfung werden sämtliche Futtergaben eines Tages gewogen, die darin enthaltenen Mengen an Eiweiß und Energie addiert und schließlich mit den zuvor ermittelten Soll-Werten verglichen. Sie gehen also vor wie oben angegeben, indem Sie nach Messung des Gewichtes und Einschätzung der Leistung den Bedarf des Pferdes ermitteln, dann sämtliche Futtermittel auswiegen, deren Gehalt an Eiweiß und Energie bestimmen und addieren. Schließlich können Sie in einem letzten Schritt den Rohfasergehalt überprüfen. Bei ausgesprochen rauhfutterreichen Rationen, wenn also die Gesamtmenge an Rauhfutter 1 Kilogramm pro 100 Kilogramm Körpergewicht erreicht oder überschreitet, dürfen Sie sich diesen Schritt guten Gewissens sparen.

Bitte das Wasser nicht vergessen: Gut 15 Liter täglich benötigen diese Isländer auch im Winter.

BITTE NICHT VERGESSEN: DAS WASSER

Beinahe hätten wir vor lauter Eiweiß, Energie und Rohfaser den wichtigsten aller Nährstoffe vergessen: Wasser braucht Pferd natürlich auch, und zwar nach Belieben und von bester Qualität. Der Wasserbedarf schwankt je nach Außentemperatur und Belastung (Schweißverluste) zwischen vier und 12 l/100 Kilogramm Körpergewicht, unser „Megamouth" braucht also 16 bis 48 l am Tag. Säugende Stuten haben, auch bei kühler Witterung und ohne jede weitere Belastung, einen Bedarf von durchschnittlich 8 l/100 Kilogramm Körpergewicht. Wassermangel kann zur akut lebensbedrohlichen Austrocknung führen, alle Trän-

ken müssen deshalb mehrmals täglich kontrolliert werden: Ist die Selbsttränke im Winter eingefroren? Ist der Bottich auf der Weide noch voll, das Wasser darin sauber oder verschmutzt? Ist gar ein Wildtier hineingefallen? Befindet sich genug Wasser im Wasserwagen? Hat ein vierbeiniger Künstler es geschafft, akkurat in die Tränke zu k...?

Bei großer Hitze empfiehlt es sich, vor dem Aufbruch zum Geländeritt einen Eimer Wasser mitten in die Sonne zu plazieren, damit das Wasser einstweilen angewärmt wird, denn Pferde sollten, besonders wenn sie stark erhitzt sind, auf keinen Fall eiskaltes Wasser trinken. Wirft man eine Handvoll Heu auf das Wasser, sind die Vierbeiner gezwungen, langsam zu trinken, und verkühlen sich nicht den Magen.

RUND UMS JAHR

ROBUST HALTEN, FLEXIBEL FÜTTERN

Die Fütterung robust gehaltener Pferde unterscheidet sich, unabhängig von Rasse oder Reitweise, in bestimmten Punkten ganz entscheidend von der ihrer Kollegen aus der Box. Insbesondere unterliegt die tägliche Ration jahreszeitlichen Schwankungen, die in diesem Ausmaß bei konventionell gehaltenen Pferden nicht auftreten.

Während die auf das Boxenpferd einwirkenden Umweltfaktoren über das Jahr relativ konstant sind, ist das Robustpferd großen Witterungsschwankungen ausgesetzt: Extreme Hitze oder Kälte muß verkraftet werden, starke Niederschläge oder anhaltende Trockenheit, Sturm oder Windstille wirken auf den Organismus ein. Die Aufrechterhaltung einer konstanten Körpertemperatur verlangt vom Offenstallpferd deshalb sowohl kurz- als auch langfristig bedeutend größere Anstrengungen als von seinem Kollegen in der Box.

Auch die Nutzungsintensität der Robustpferde ändert sich signifikant mit der Jahreszeit, während das Boxenpferd dank Reithalle und kurzem Fell das ganze Jahr über gleichmäßig intensiv bewegt werden kann. Zudem unterscheidet sich das Futterangebot der Robustpferde entscheidend von dem seiner Kollegen: Weidegang im Sommer bildet beim Boxenpferd die Ausnahme oder dient primär nicht der Futteraufnahme, sondern der freien Bewegung, während er beim Offenstallpferd die Regel ist. So bildet Weidegras im Sommer die Grundlage der Ernährung des robust gehaltenen Pferdes, während Boxenpferde oft während des ganzen Jahres eine aus Heu und Kraftfutter bestehende Ration erhalten.

Für den Halter von Robustpferden bedeutet dies, daß sowohl Änderungen im Futterangebot als auch im Bedarf zu berücksichtigen sind und die Futterration bis zu viermal jährlich angepaßt werden muß.

FRÜHLING

Je nach Witterung beginnen die Pferde im Januar mit dem Fellwechsel, der meist im März oder April seinen Höhepunkt erreicht und im Mai abgeschlossen ist. Dieser sich über mehrere Wochen oder Monate hinziehende Prozeß stellt eine signifikante Belastung des Pferdes dar. Hochwertige Eiweiße, B-Vitamine und essentielle Fettsäuren sorgen für einen zügigen Fellwechsel und ermöglichen die rasche Neubildung gesunden Haarkleides. Vor allem Bierhefepräparate und Leinsamen bieten sich als Futterzusatz an. Sie können, als Kur während des Frühjahrs- und Herbstfellwechsels gegeben, die oft zu beobachtenden Leistungseinbrüche während dieser Zeit verhindern helfen. Da Offenstallpferde im Frühjahr meist wieder intensiver geritten werden als in der kalten Jahreszeit, kommt es nun zum Aufbau von Muskelmasse, wodurch der Bedarf an hochwertigen Eiweißen kurzfristig ansteigt.

Robustpferde werden im Frühjahr meist intensiver geritten als während des Winters.

innerhalb von zwei Wochen auf die gewünschte Länge gesteigert. Heu und Stroh wirken „bremsend" auf den Verdauungstrakt und verhindern den während der Umstellung oft zu beobachtenden Durchfall. Die Darmbakterien des Pferdes benötigen ungefähr vierzehn Tage, um sich auf das veränderte Futterangebot einzustellen. Gibt man ihnen diese Zeit nicht, kommt es zu einem Massensterben der Darmflora und dadurch oft zu massiven Durchfällen.

Weidegras weist im Frühjahr recht hohe Eiweißgehalte auf. Dies führt insbesondere bei ganztägigem Weidegang zu einer übermäßigen Eiweißzufuhr bei gleichzeitigem Energiemangel. Aus diesem Grund empfiehlt sich die zeitliche Beschränkung des Weidegangs auf einige Stunden täglich oder die Einrichtung von Portionsweiden. So futtern die Vierbeiner sich auch keine unförmigen Grasbäuche an, unter denen Leistungsbereitschaft und Wohlbefinden vor allem bei hohen Außentemperaturen und intensiver Belastung leiden.

Niedertragende Stuten sind durch Weidegang, ergänzt durch ein Mineralfutter, ausreichend versorgt, da in den ersten Monaten der Fetus wenig an Größe zunimmt und der Leistungsbedarf der Stute entsprechend niedrig ist. Laktierende Stuten stellen an das Weideland hohe Ansprüche: Ihre Weide sollte über einen besonders guten Aufwuchs sowie einen vielseitigen Pflanzenbestand verfügen. Für Fohlen wird zumindest auf eher schlechten Weiden ein Fohlenschlupf angelegt, in denen sie bei Bedarf gezielt beigefüttert werden können. Fohlen von Extensivrassen erhalten dagegen bis kurz vor dem Absetzen keine signifikanten Mengen an Beifutter.

Im Frühjahr erfolgt die Umstellung von der Stallfütterung auf den Weidegang. Diese sollte langsam und allmählich erfolgen, um Durchfällen und Koliken zu vorzubeugen. Die Pferde werden vorzugsweise zunächst einige Tage halbstundenweise ausgetrieben, am besten nach der Rauhfutteraufnahme. Die Dauer des Weidegangs wird

Bei Jährlingen und Zweijährigen wird erst im Sommer, wenn Aufwuchs und Gehalt des Grases ihre recht hohen Ansprüche nicht mehr decken können, der Weidegang durch Rauh- und Kraftfutter ergänzt. Stuten und Fohlen sowie Jungpferde sollten während der Weidesaison unbedingt ein hochwertiges Mineralstoffpräparat erhalten.

SOMMER

Meist werden Offenstallpferde im Sommer am stärksten belastet. Lediglich manche der eher hitzeempfindlichen Nordlandrassen (Islandpferde) werden im Herbst intensiver geritten als während der heißen Jahreszeit. Dementsprechend muß die Fütterung auch bei ganztägigem Weidegang oft durch ein Kraftfutter, zumindest aber durch ein geeignetes Mineralfutter, leistungsgerecht ergänzt werden.

Vor allem gegen Ende des Sommers, wenn der Aufwuchs durch Trockenheit und intensive Nutzung bereits stark zurückgegangen ist, reicht die Grünfutteraufnahme zur Deckung des Bedarfs intensiv gerittener Pferde nicht mehr aus. Ergänzend wird nun Heu und Kraftfutter gereicht. Damit wird nicht nur die bedarfsgerechte Versorgung der Pferde sichergestellt, sondern es werden auch Verdauungsstörungen verhindert, die sonst auf stark überweideten Flächen zu beobachten sind. Sehr kurze Abbisse, oft mit gleichzeitiger Aufnahme von Erde und Sand, begünstigen die Entstehung von Verstopfungs- oder Sandkoliken. Auch während des Sommers ist deswegen eine zeitliche Beschränkung des Weidegangs oft günstiger: Bei teilweiser

Aufstallung ist eine gezielte Zufütterung möglich, die Weide wird vor Überweidung geschützt und die Pferde erhalten während der Hauptflugzeit der Insekten Zugang zum kühlen und insektenfreien Offenstall.

Als Schutz vor der Belästigung durch Stechinsekten hat sich der Einsatz von knoblauch- und B-vitaminhaltigen Zusatzfuttermitteln bewährt. Nach dem Verzehr entwickelt sich ein Körpergeruch, der auf Insekten abschreckend wirkt. Entsprechende Zusatzfutter werden deshalb vor allem bei an Sommerekzem erkrankten Pferden eingesetzt.

Während der heißen Jahreszeit richtet der Reiter sein besonderes Augenmerk auf die Versorgung seines Pferdes mit Wasser und Salzen. Ständiger Zugang zur Wasserstelle muß auf der Weide ebenso gewährleistet sein wie ein schattiger Unterstellplatz. Bei großen Herden müssen gegebenenfalls mehrere Wasserstellen angelegt werden, damit auch rangniedrige Pferde die Möglichkeit zur ungehinderten Wasseraufnahme haben. Stark beanspruchte Pferde können ihren Salzverlust über den Schweiß häufig nicht durch freien Zugang zum Salzleckstein und übliche Mineralfuttermittel ausgleichen, sie erhalten nach der Belastung spezielle Elektrolytlösungen zur Tränke. Der Eiweißbedarf liegt im Sommer meist niedriger als im Frühjahr, da Fellwechsel und Muskelaufbau abgeschlossen sind. So sollten die fallweise zur Ergänzung des Weidegangs gefütterten Kraftfutter vor allem einen hohen Gehalt an Kohlenhydraten aufweisen, welche die für die vielfältigen Aktivitäten benötigte Energie bereitstellen.

HERBST

Je nach Witterung wird die Weidesaison zwischen September und November beendet und die Pferde werden auf Winterfütterung umgestellt. Auch diese Umstellung muß unbedingt allmählich und nicht von jetzt auf gleich erfolgen. Offenstallpferde, die auch während der Weidesaison ergänzend Heu, Stroh oder Silage erhalten haben, sind problemloser umzustellen, bei anderen sollte man sich, wie schon im Frühjahr, Zeit lassen. Ein frühzeitiger Eintrieb schont die Weide und verhindert, daß die Pferde bei verringertem Nahrungsangebot Wurzeln mit Sand oder Giftpflanzen aufnehmen.

Spätestens mit dem Ende der Weidesaison empfiehlt sich die Fütterung eines Vitamin- und Mineralgemisches, da die Vitamingehalte aller Futtermittel durch die Lagerung im Laufe der Zeit stark absinken und abnehmende Tageslichtlängen die Eigenbildung an Vitamin D reduzieren. Die Fütterung von Saftfuttern wie Möhren oder Rüben bietet zwar eine willkommene Abwechslung im winterlichen Futtereinerlei, deckt aber den Vitaminbedarf nicht ab. Werden Mischfuttermittel aus industrieller Produktion verwendet, kann auf die zusätzliche Gabe eines Mineral/Vitamingemisches verzichtet werden, da diese Stoffe dem Futter bereits in ausreichender Menge zugemischt wurden.

Der Herbstfellwechsel belastet die Offenstallpferde stärker als die Bildung des Sommerfells. Das Winterfell ist selbst bei hochblütigen Pferden nach entsprechender Gewöhnung sehr dicht und lang, für seine Bildung sind also ungleich größere Mengen an Baustof-

Der Herbst bringt das Ende der Weidesaison und den wichtigen Winterfellwechsel.

fen nötig. Bei vielen Offenstallpferden treten im Herbst Leistungseinbrüche und Gewichtsverluste auf, da die Besitzer diese Belastung bei der Futterzuteilung wie bei der Nutzung nicht ausreichend berücksichtigen. Bierhefeprodukte, Leinsamen und reichliche Rauhfuttergabe sowie energiehaltige Kraftfutter helfen den Pferden über diese Zeit, eine schonende, rücksichtsvolle Nutzung tut ein Übriges.

WINTER

Schlechte Wegverhältnisse und das dichte Winterfell lassen im Winter meist nur eine verhaltene Nutzung von Offenstallpferden zu. Vor allem intensiv gearbeitete Turnierpferde werden in dieser Zeit oft in Winterruhe geschickt, sie laufen für einige Monate barfuß und erholen sich in der Herde von den Anstrengungen der Saison.

Eher ruhig lassen es Pferd und Reiter im Winter angehen.

Nicht beansprucht Vertreter der Extensivrassen benötigen außer reichlich Rauhfutter und einem Mineral- und Vitamingemisch kaum oder kein Kraftfutter, während selbst nicht gearbeitete Warmblüter vor allem bei großer Kälte meist nicht ohne ein gewisses Maß an Kraftfutter auskommen.

Die Ration aus Rauhfutter, Zusatzfutter und Kraftfutter kann nach Belastung durch ein Mash ergänzt beziehungsweise ersetzt werden. Dieses diätetische Konzentratfutter führt dem Organismus schnell Wärme und Energie zu und ist deswegen im Winter vor allem für ältere oder kranke Pferde zu empfehlen.

DAS DRUM-HERUM

FÜTTERUNGSTECHNIK: DAS „WIE" DER TÄGLICHEN RATION

Bis jetzt haben wir uns überwiegend mit dem „Was" der Pferdefütterung beschäftigt. Das „Wie" spielt aber eine ebenso wichtige Rolle: Das hochwertigste Rauhfutter, die ausgeklügelteste Krippenration und das leckerste Saftfutter kann nur dann seine Wirkung in vollem Umfang entfalten, wenn es auf die richtige Art und Weise an den Mann beziehungsweise ins Pferd gebracht wird.

Das Verdauungssystem unserer Pferde blieb von den domestikationsbedingten Veränderungen weitgehend unberührt, es ist nach wie vor auf die beinahe ununterbrochene Aufnahme relativ kleiner Mengen wenig gehaltvoller Nahrung eingerichtet. Im Idealfall hat Pferd also den ganzen Tag über etwas zu beißen, denn bei längeren Freßpausen leidet die Mikroflora des Dickdarms. Abgesehen davon bildet die Rauhfutteraufnahme für Pferde in Boxenhaltung oft genug die einzige Abwechslung, so daß schon aus diesem Grund auf eine möglichst gleichmäßige Verteilung der Rauhfuttermenge über den Tag zu achten ist. Nun ist es aus arbeitstechnischen Gründen meist nicht möglich, die Gesamtration von Rauh- und Kraftfutter in fünf bis sechs Einzelgaben aufzuteilen. Wie so häufig, müssen Sie sich mit dem bestmöglichen Kompromiß zufriedengeben. Der besteht darin, daß Sie zumindest die Rauhfutterration auf zwei, besser drei Gaben verteilen, wobei die größere Menge am Abend gereicht wird, damit die Pferde über Nacht ausreichend beschäftigt sind. Für das Kraftfutter gilt: Je mehr Einzelrationen, desto besser. Allerdings hängt es auch von der Größe der Gesamtmenge ab, auf wieviel Gaben das Krippenfutter verteilt werden muß. Wie Sie bereits wissen, sollte die Einzelration 0,5 Kilogramm/100 Kilogramm Körpermasse nicht übersteigen. Ein 600 Kilogramm schweres Warmblut darf also pro Mahlzeit nicht mehr als 3 Kilogramm Kraftfutter erhalten. Übersteigt der Kraftfutterbedarf diese Menge, muß sie auf zwei oder mehr zwei Gaben verteilt werden. Eine Aufteilung des Krippenfutters ist auch bei Pferden mit hohem Energiebedarf, Problemen im Verdauungstrakt oder eher schwerfuttrigen Tieren sinnvoll. Kleinere Einzelgaben

Bitte nicht füttern, wenn Ihr Pferd gleich intensiv gearbeitet werden soll.

werden besser aufgeschlossen, oft nicht so hastig verschlungen und regen den Appetit an. Eher magere Pferde profitieren besonders von einer Verteilung des Krippenfutters auf mehrere Gaben. Bei besonders hastigen, futterneidischen Fressern empfiehlt es sich, Häcksel (das sind kleine Schnipsel Heu oder Stroh) unterzumischen oder einige sehr große, runde Kieselsteine in die Krippe zu legen, zwischen denen das Futter herausgesucht werden muß.

Der Zeitpunkt der Fütterung sollte so gewählt werden, daß das Pferd nicht mit vollem Magen gearbeitet wird, also nach der Futteraufnahme ein bis zwei Stunden Zeit für die Verdauung hat. Auch unmittelbar nach größeren Anstrengungen sollte nicht gefüttert werden, sondern das Pferd erst einige Zeit abkühlen und ausruhen dürfen.

In Boxenställen ist es üblich, daß alle Pferde gleichzeitig, immer zum selben Zeitpunkt und täglich mit der gleichen Ration gefüttert werden, da dies aus arbeitstechnischen Gründen nicht anders möglich ist. Allerdings nimmt man dabei in Kauf, daß jedes Pferd tagtäglich dieselbe Kraftfutterration erhält und nicht weiter auf die Tagesleistung eingegangen werden kann. Anders in Offenstallanlagen: Hier ist es oft Sitte, daß der Pferdehalter sein Pferd nach der Arbeit selbst füttert und ihm so eine angemessene Ration zuteilen kann. Ein Tip: Hängen Sie eine kleine Tafel an jede Boxentür, auf der Sie kurz notieren können, wie stark Ihr Pferd am betreffenden Tag gearbeitet wurde, etwa „leicht", „mittel", „schwer" oder eben „Erhaltung" an Stehtagen. So kann der Futtermeister zumindest bei der Abendfütterung besser auf den aktuellen Bedarf eingehen. Die Tafel kann natürlich auch für andere Nachrichten und Fütterungshinweise („Heu anfeuchten", „weniger Hafer" und anderes mehr) genutzt werden. Grundsätzlich sollten die Pferde zunächst Rauhfutter und etwa fünfzehn Minuten später Krippenfutter erhalten.

Futterumstellungen dürfen nie abrupt erfolgen, besser läßt man sich etwa eine Woche Zeit. Dabei wird täglich die bisher gefütterte Ration etwas gekürzt und durch eine langsam stei-

Bei jeder Futterumstellung sollte der Pferdehalter vorsichtig und geduldig vorgehen.

gende Menge des neuen Futter ersetzt. Die Darmbakterien benötigen Zeit, um sich auf das veränderte Futterangebot einzustellen, sie reagieren auf radikale Futterumstellungen mit einem Massensterben und rufen dadurch Durchfälle oder Koliken hervor. Besondere Vorsicht ist bei der Umstellung von Heufütterung auf Weidegang geboten, hier kann Stroh beigefüttert oder Heu vor dem täglichen Austrieb angeboten werden.

Bei der Rauhfuttervorlage hat der Pferdehalter die Wahl zwischen Überkopfraufen, Heunetzen, Bodenfütterung oder Bodenraufen, wobei die Verwendung von Bodenraufen die aus fütterungstechnischen und hygienischen Gesichtspunkten günstigste Möglichkeit ist. Überkopfraufen sind gänzlich abzulehnen, da die Pferde bei der Aufnahme des Rauhfutters eine unnatürliche und verkrampfte Haltung einnehmen müssen, die zu einer Überentwicklung der Unterhalsmuskulatur führt. Dazu kommt, daß ihnen ständig Heustaub in Augen und Nüstern rieselt und dementsprechend intensiv eingeatmet wird beziehungsweise zu Augenreizungen führt. Heunetze dürfen auch in leerem Zustand nicht so tief hängen, daß sich die Pferde darin mit dem Huf verfangen können. Wird das Rauhfutter am Boden vorgelegt, ist mit starker Verschmutzung durch Kot und Urin zu rechnen, wodurch größere Mengen verdorben und dann nicht aufgenommen werden.

Heukrippen, Freßgitter und Rundraufen sind sowohl praktisch als auch sparsam. Das Heu kann kaum verstreut und verschmutzt werden, Heustaub sinkt zu Boden und kann durch Roste abrieseln. Je nach Bauart können nach dem Befüllen der Raufe Gitter über die Ration geklappt werden, die verhindern, daß die Pferde das Heu einfach aus der Raufe ziehen und am Boden verstreuen. Während sich Bodenkrippen für die Fütterung einzelner Pferde eignen, sind Rundraufen zur Fütterung größerer Gruppen in Offen- oder Laufställen gedacht. In der Extensivhaltung wird das Rauhfutter gerne über Futtergänge in Raufen vorgelegt, die über die gesamte Breite des Stalles laufen und mit Freßgittern versehen sind, so daß auch große Gruppen ohne Streitigkeiten abgefüttert werden können. Freßstände, die hinten durch Ketten verschlossen werden können, ermöglichen eine gezielte Fütterung aller Tiere. Nach dem Befüllen der Raufe treten die Pferde ans Futter, die Freßstände werden verschlossen und die Kraftfutterration oder andere Nahrungsergänzungen können einzeln vorgelegt werden, oder magere Pferde erhalten eine Extraportion Rauhfutter und können diese in Ruhe verzehren.

Die günstigste Lösung für die Verabreichung des Kraftfutters ist ebenfalls von der Haltungsform abhängig. Während bei der üblichen Boxenhaltung jede Box in der Regel mit einer problemlos zu befüllenden Krippe versehen ist, macht die Versorgung von Weide-, Offen- oder Laufstallpferden mehr Mühe. Damit jedes Pferd die ihm zugedachte Menge Kraftfutter auch erhält, ist es nötig, die Gruppe zur Fütterungszeit zu trennen. Entweder füttert man jedes Pferd nach der Arbeit einzeln außerhalb des Stalles oder bindet alle Pferde im Stall an ihrem Platz an, bis die Kraftfutterration verzehrt ist. Eine äußerst praktische Lösung sind die bereits erwähnten Futter- oder Freßstände an einer gemeinsamen

Praktisch und sparsam sind Rundraufen für Offenställe und Weiden.

Krippe. Etwas gewöhnungsbedürftig, aber sehr praktisch sind Futtereimer, die den Pferden nach dem Befüllen einfach umgehängt werden. So kann jedes Pferd seine Ration in Ruhe verzehren, ohne durch futterneidische oder besonders schnell fressende Kollegen gestört zu werden. Bruchsichere, nicht zu enge Eimer werden nahe des Randes mit zwei Löchern versehen, durch die ein weiches Band gezogen werden kann. Der Futtereimer wird so umgehängt, daß die Pferde den Eimer auf dem Boden aufsetzen müssen, um an die Ration zu gelangen. Nach kurzer Zeit haben sich die Pferde daran gewöhnt und der Offenstallbesitzer hat so eine einfache und wenig auf-

wendige Methode an der Hand, alle Pferde zu versorgen. Futtersäcke verschmutzen leicht, sind schwierig zu reinigen und eignen sich nur für trockene Futtermittel. Sie werden deswegen nur kurzfristig eingesetzt, etwa auf einem Wanderritt oder Turnierbesuch.

Bei der Gestaltung von Boxen und Offenställen sollte man sich bemühen, Tränken und Krippen nicht unmittelbar nebeneinander anzulegen. Viele Pferde gewöhnen es sich schnell an, Heu und Kraftfutter nicht mehr zu kauen und dabei einzuspeicheln, sondern einfach mit einem kräftigen Schluck Wasser herunterzuspülen. Durch die mangelhafte Zerkleinerung wird das Futter kaum aufgeschlossen, zudem kann es zu erheblichen Verdauungsstörungen kommen.

Selbstverständlich sollte sich der Pferdehalter ausreichend über alle relevanten Eigenschaften der verwendeten Futtermittel informieren, um Fehler bei der Zubereitung zu vermeiden. Quellende Futter (Rübenschnitzel) werden eingeweicht, bis sie kein Wasser mehr aufnehmen, staubige oder sehr fein strukturierte Futter (Kleien) werden angefeuchtet. Es empfiehlt sich, sehr weiche und sehr harte Futter nicht miteinander zu mischen (z.B. Rübenschnitzel und Maiskörner), da die harten Bestandteile sonst nicht mehr ausreichend gekaut werden. Feuchte oder angerührte Futtermittel (Mash) sollten breiig, aber nicht suppig zubereitet werden, da sie sonst zu schnell durch Magen und Dünndarm passieren und im Dickdarm zu Fehlgärungen führen können. Naßfutter sollte nicht in Krippen, sondern besser in Futtereimern oder -schüsseln vorgelegt werden, da diese leichter zu reinigen sind. Besonders im Sommer dürfen angerührte oder eingeweichte Kraftfutter nicht lange aufbewahrt werden, damit es nicht zum Verderb kommt.

Bei der Umstellung auf Heucobs, wie sie vor allem heuallergische Pferde erhalten, kommt es in der Anfangsphase relativ häufig zu Schlundverstopfungen, da die Pferde die Cobs nicht ausreichend zerkleinern oder einspeicheln. In solchen Fällen hat es sich bewährt, diese Cobs vorquellen zu lassen.

DIE CHECKLISTE

WAS FÜTTERE ICH, WENN ...

Schön wäre es, wenn jedes Pferd, jedes Pony sich an berechenbare Bedarfszahlen halten und weder Extrawürste einfordern noch Sonderwünsche anmelden würde. Dem ist aber nicht so, denn ebenso wie wir Zweibeiner unterscheiden sich auch unsere Pferde hinsichtlich Schwer- oder Leichtfuttrigkeit, besonderer Ansprüche aufgrund individueller Veranlagungen oder Krankheiten und diese individuellen Bedürfnisse wollen berücksichtigt werden. Was füttern Sie, wenn ...

... DER SATTELGURT NICHT MEHR PASST

Ist das Pferd zu fett, so gibt es dafür nur einen möglichen Grund: Es erhält mehr Futter als es benötigt. Aber Achtung: Fettleibigkeit bitte nicht mit einem Gras-, Stroh- oder gar Wurmbauch verwechseln! Stark verwurmte Pferde tragen oft einen scheinbar gesunden Kugelbauch mit sich herum, weisen aber ansonsten Anzeichen von Unterernährung auf. Gegen Ende des Sommers, wenn der Aufwuchs minderwertig wird und stark verholzt, nehmen Weidepferde sehr große Mengen an Gras auf, dessen steigendes Volumen zu einem aus-

ladenden Grasbauch führt. Ähnlich kann es Pferden ergehen, die unzureichend gefüttert oder nicht artgerecht gehalten werden: Aus Hunger oder Langeweile nehmen sie übermäßige Mengen Stroh aus der Einstreu auf und entwickeln einen Strohbauch, oft verbunden mit einer ausgesprochenen Neigung zu Verstopfungskoliken.

Wirklich fette Pferde sind rundum rundlich und speckig, ihre Rippen sind schlecht zu tasten, rechts und links des Rückgrates wölben sich oft richtige Speckwülste auf. Hier liegt ein unmittelbarer Handlungsbedarf vor, denn die überflüssigen Körpermassen belasten insbesondere die Gliedmaßen. Ein übergewichtiger Warmblüter bringt ohne weiteres 50 bis 100 Kilogramm zuviel auf die Waage, trägt also andauernd das Gewicht eines schweren Reiters samt Sattel mit sich herum. Es muß zunächst eine Diät her, die den Vierbeiner langsam (!) und stetig abspeckt, danach eine Ration, die ihn künftig auf seinem Idealgewicht hält. Genug energiearmes, also eher altes Heu, vielleicht gemischt mit Stroh,

Knabberzeug lenkt vom Kohldampf ab und liefert Mineralstoffe.

Mash regt den Appetit an und ist leicht verdaulich.

ausschließlich an den tatsächlichen Bedürfnissen des Pferdes orientiert, dann sind erneute Gewichtszunahmen so gut wie ausgeschlossen.

... WENN MEIN PFERD ZU DÜNN IST ODER SCHLECHT FRISST

Ganz klar, hier müssen erst einmal organische Ursachen abgeklärt werden. Sind Verwurmung, Zahnschmerzen oder andere Gründe ausgeschlossen und ergibt eine Rationsüberprüfung keine Defizite, müssen gut verdauliche und besonders schmackhafte Futtermittel zum Einsatz kommen: Mash, mit Melasse oder Honig angereichertes Kraftfutter, Heu bester Qualität, Bierhefe, Karotten und Äpfel. Oft ist es hilfreich, die Kraftfutterration auf viele kleine Mahlzeiten zu verteilen, da dann der Appetit größer ist und die Futterverwertung steigt. Leichte Bewegung und viel Ablenkung macht Appetit, Streß und Belastungen sind unbedingt zu vermeiden.

... WENN MEIN PFERD EIN HEISSER OFEN IST

Auch in diesem Fall muß vor einer Futterumstellung die Frage nach den Gründen stehen. Oft sind es schlechte Haltungsbedingungen, Schmerzen im Rücken oder im Maul durch fehlerhafte Ausrüstung oder unsachgemäßes Reiten, die aus einem friedliebenden Vierbeiner ein unkontrollierbares Geschoß machen. Stimmen Aufstallung, Ausrüstung und Ausbildung, sollte die Futterration überprüft werden: Entspricht die Zufuhr an Energie

beschäftigt den Dickwanst und reduziert das Hungergefühl. Äste von Pappeln, Weiden, Birken oder ungespritzten Obstbäumen können vorgelegt werden und dienen sowohl als Quelle für Vitamine und Mineralien als auch zur Beschäftigung. Zum Heu wird ein Vitamin- und Mineralkombinat gereicht, Kraftfutter ist erst einmal von der Speisekarte gestrichen. Gleichzeitig sorgt viel Bewegung dafür, daß mehr Energie verbraucht wird. Dabei sollte auf echte Belastungen - lange Galoppaden, Springen, Longieren in höheren Gangarten - weitgehend verzichtet werden, um nicht Gliedmaßen und Kreislauf zu überanstrengen.

Keinesfalls sollte die Diät in Form einer Hungerkur ablaufen, denn dann kommt es leicht zu einer Stoffwechselentgleisung, bei der plötzlich große Mengen Fett frei werden, im Blutkreislauf zirkulieren und die inneren Organe außer Funktion setzen. Solch eine Hyperlipämie tritt vor allem bei fetten, tragenden Ponystuten auf. Nach erfolgter Diät wird eine neue Ration berechnet, die sich und Eiweiß dem Bedarf oder liegt sie darüber? Entsprechende Kürzungen und Änderungen haben besonders dann Aussicht auf Erfolg, wenn statt reinem Hafer oder einem auf Hafer aufbauenden Mischfutter ein Kraftfutter gereicht wird, das überwiegend andere Getreide enthält: Mais oder Gerste, am besten als Flocken oder geschrotet. Viel Rauhfutter, wenig eiweißhaltige Kraftfutter, Öle und Zuckerrübenschnitzel als Energieträger in nachprüfbar benötigten Mengen tragen dazu bei, daß der Vierbeiner keine überschüssige Energie unter dem Reiter loswerden muß. Ruhigstellende Futterzusätze sind meist ebenso unwirksam wie fragwürdig, da sie das Problem überdecken, anstatt es zu lösen.

... WENN MEIN PFERD FUTTERMITTEL NICHT VERTRÄGT

Atemwegserkrankungen sind meist Faktorenkrankheiten: Pilzsporen im Heu oder Stroh, schlechte Haltungsbedingungen in der Gitterbox, ammoniakhaltige Stalluft und nicht auskurierte Bagatellerkrankungen führen zu chronischen Atemwegsproblemen, an deren Ende oft Dämpfigkeit und ein früher Tod stehen. Liegt eine Allergie gegen Heustaub vor, hilft nur der Umstieg auf Silage, Heucobs oder das sorgfältige Einweichen des Heus vor der Fütterung - neben einer Haltungsoptimierung (Offenstall), versteht sich. Heute scheint es fast, als seien auch echte Nahrungsmittelunverträglichkeiten auf dem Vormarsch, doch stehen entsprechende Untersuchungen noch ganz am Anfang. Verdächtigt man ein Futtermittel als Auslöser einer Erkrankung (chronischer Durchfall, allergi-

sche Hautreaktionen oder ähnliches) so bringt die Ausschlußdiät Klarheit. Füttern Sie zunächst nur Heu, bis die Erscheinungen abgeklungen sind und setzen Sie dann jeweils über mehrere Tage gezielt ein Futtermittel nach dem anderen zu. Reagiert es auf eines mit einer Verschlimmerung der Symptomatik, haben Sie den Übeltäter.

KRANK GEFÜTTERT

Das Pferd hat ...
Während die korrekte Fütterung einen wesentlichen Beitrag zur Gesunderhaltung unserer Pferde leistet, können Fütterungsfehler gravierende gesundheitliche Schäden hervorrufen. Wer bedarfsgerecht füttert, sich über die Eigenschaften der verwendeten Futtermittel informiert und abrupte Futterumstellungen vermeidet, wird wenig mit fütterungsbedingten Erkrankungen konfrontiert werden. Da bestimmte Krankheiten besonders häufig auftreten, sollte jeder Pferdehalter über deren Ursachen Bescheid wissen. Wie entsteht also

... eine Schlundverstopfung
Verschluckt das Pferd einen zu großen Brocken unzerkleinerten oder einen Happen quellfähigen, nicht ausreichend befeuchteten Futters, kann ihm der Bissen buchstäblich im Halse stecken bleiben. Dort sitzt er dann, kann nicht vor und nicht zurück, verursacht Schmerzen und einen Muskelkrampf der Speiseröhre. Hier hilft nur der Tierarzt, der mit einer Sonde den Brocken entfernt. Besonders häufig kommt es bei der Fütterung nicht eingeweichter Rübenschnitzel, unbefeuchteter Kleie und trocken verfütter-

Verschluckt das Pferd große Futterbrocken unzerkaut, kann dies eine Schlundverstopfung hervorrufen.

ter Heucobs zur Schlundverstopfung. Vor allem bei der Umstellung auf Heucobs ist darauf zu achten, daß diese in der Anfangszeit gut gequollen verfüttert werden. Manche Pferdehalter schneiden aus Angst vor einer Schlundverstopfung Äpfel und Karotten grundsätzlich klein, aber dieser Schuß kann ebensogut nach hinten los gehen: Klein und handlich zerkleinertes Obst oder Rüben verführt geradezu zum hastigen Fressen, es muß nicht mehr gekaut, sondern kann in einem Haps abgeschluckt werden. Der dann prompt stecken bleibt...

... eine Futterrehe

Früher machte man für diese schwere Erkrankung zu hohe Eiweißgaben verantwortlich, heute ist man dem wahren

Übeltäter auf der Spur: Große Mengen leicht verdaulicher Kohlenhydrate führen zu dieser komplexen Erkrankung, an deren Beginn eine Änderung des Darmmilieus und an deren Ende eine Entzündung der Huflederhaut steht. Auch diese Krankheit ist ein Fall für den Tierarzt. Ursächlich können meist unkontrollierte Futteraufnahmen (nächtliche Ausbrüche und Besuche in der Futterkammer), zu hohe Kraftfuttergaben und abrupte Umstellung vom Stall auf die Weide verantwortlich gemacht werden.

... die Hyperlipämie

Diese Entgleisung des Fettstoffwechsels wurde bereits im Zusammenhang mit der Diät übergewichtiger Pferde kurz erwähnt. Man muß sich die Entstehung so vorstellen: Muß ein stark verfettetes Pferd aus irgendeinem Grund hungern (radikale Diät, Geburt, Zahnschmerzen), so besinnt sich der Körper auf seine reichhaltigen Vorräte für schlechte Zeiten und beginnt, Fett freizusetzen. Dabei verliert er aus unbekannten Gründen jedes Maß und überschwemmt den gesamten Blutkreislauf mit Fettkügelchen, die sämtliche Organe blockieren. Fatalerweise wird es den Pferden dabei so schlecht, daß sie nun überhaupt kein Futter mehr aufnehmen. Es entsteht ein Teufelskreis, aus dem nur noch der Tierarzt helfen kann. Auch aus diesem Grund sollte der Pferdehalter auf die schlanke Linie seiner Pferde achten.

... Durchfall

Bei einer Durchfallerkrankung ist der Darm in seinen wichtigsten Funktionen gestört. Das Futter passiert den Darm viel zu schnell, wird nicht ausreichend aufgeschlossen und nicht eingedickt. Das Pferd verliert sehr rasch große Mengen Wasser und Elektrolyte, langfristig auch alle Nährstoffe. Ursächlich kommen jede Menge Fütterungsfehler in Frage, angefangen von verdorbenen Futtermitteln über zu schnelle Umstellung auf die Weide bis hin zu überhöhten Kraftfuttergaben.

... Koliken

Ähnlich sieht es bei Koliken aus: Viele häufig auftretende Formen von Kolik haben ihre Ursache in Fütterungsfehlern, darunter vor allem die Verwendung verdorbenen Futters, plötzliche Futterumstellungen und einseitige Fütterung. Nimmt ein Pferd zuviel Stroh auf oder reicht man ihm Rasenmähergras, kann eine Verstopfungskolik die Folge sein. Gaskoliken sind die Folge einer Fehlgärung und diese wiederum wird häufig durch stark keimhaltige Futtermittel ausgelöst. Sand ist ebenfalls eine Kolikursache: Pferde nehmen häufig große Mengen an Sand und Erde auf, wenn sie bis in den Frühwinter auf der Weide bleiben und auf der Suche nach Futter Wurzeln mit verspeisen oder wenn sie Blätter oder Heu vom Boden eines Sandpaddocks aufklauben.

... Kreuzverschlag

Der Kreuzverschlag, auch Lumbago, Montags- oder Feiertagskrankheit genannt, tritt typischerweise dann auf, wenn die Pferde nach einem Ruhetag wieder in die Arbeit genommen werden. Unter bestimmten Bedingungen, vor allem bei kaltem Wetter und zu umfangreicher Fütterung am Vortag (Ruhetage sind Erhaltungsbedarftage!) wird dann in der Muskulatur plötzlich sehr viel Milchsäure gebildet, welche

Vor allem bei kalter Witterung kann ein Kreuzverschlag auftreten.

*Ihr Pferd hat
Huuuunger?
Nun wissen Sie,
was zu tun ist!*

die Muskelzellen schädigt. Es entsteht eine Art Super-Muskelkater, der allerdings so stark ist, daß die Muskulatur dauerhaft geschädigt werden kann. Sofortiges Einstellen der Arbeit, warme Decken und der Tierarzt helfen, Schlimmeres zu verhindern.

So, nun wissen Sie (hoffentlich), warum auch die Liebe zum Pferd durch den Magen geht: Richtig, also bedarfsge-recht und nicht pi mal Daumen gefüttert, wird Ihr Pferd sich wohl befinden, leistungsfähig und gesund bleiben und Sie sparen nebenbei eine ganze Menge Geld, die andere, in falsch verstandener Pferdeliebe, in überflüssige und schädliche Zusatzfuttermittel, Leckerli und alle möglichen und unmöglichen Wunderpulver stecken. Dafür können Sie ja ein paar Karotten, Bananen oder ein leckeres Mash kaufen ...